Samuel Wilhelm Oetter

Erklärung des Gebets des Schächers am Kreuz

Herr gedenke an mich, wenn du in dein Reich kommest

Samuel Wilhelm Oetter

Erklärung des Gebets des Schächers am Kreuz
Herr gedenke an mich, wenn du in dein Reich kommest

ISBN/EAN: 9783743654808

Hergestellt in Europa, USA, Kanada, Australien, Japan

Cover: Foto ©Lupo / pixelio.de

Weitere Bücher finden Sie auf **www.hansebooks.com**

Erklärung

des Gebets

des

Schächers am Kreuz:

Herr gedenke an mich, wenn du in dein Reich kommest

Mitgetheilet.

von

Samuel Wilhelm Oetter

COM. PALAT. CAESAR.

Hochfürstlich Brandenburg-Onoldsbachischen und Baireuthischen Consistorialrath, auch Hochfürstlichen Historiographo und Pfarrer, ingleichen verschiedener Academien und gelehrter Gesellschaften Mitglied.

Nürnberg,
im Verlag Johann Eberhard Zeh, 1771.

CHRISTIANUS ULRICUS de KETELHODT.
cunÿ se Lichstedt. Ser. Princ. Schwarzb. Rudolst. Consiliar. intim. Cancellar. et Reger. Reg. ac Consist.
Magni Ordinis Aquilae. Rubrae Eques. Societatum variar. litterar. Sodalis. aetat. 67 ann.

Dem

Hochwolgebornen Herrn
HERRN
Christian Ulrich von Ketelhodt
Herrn auf Campze, Carbau, Lichtstädt, ꝛc.

Sr. glorwürdigst regierenden Hochfürstlichen Durch-
laucht zu Schwarzburg Rudolstadt hochbetrauten wirkli-
chen geheimen Rath und Canzlern, wie auch Regierungs-
und Consistorialraths Präsidenten,

Des Hochfürstlich Brandenburgischen rothen Adlerordens Großcreuz und Ritter des Königlich Dänischen Ordens d'union parfaite, auch des Herzoglichen Mecklenburgischen Ordens de la Fidelite et Constance, ingleichen verschiedener Academien der Wissenschaften, auch anderer gelehrter und Oeconomischer Gesellschaften würdigsten Mitglied ꝛc.

Meinem gnädigen Herrn.

Hochwolgeborner Herr
Gnädiger Herr

Eure Hochwolgeborne Excellenz

haben mir bereits vor achtzehen Jahren die Erlaubniß gegeben ein historisches Buch, nämlich den ersten Theil meiner historischen Bibliothek mit Dero hohen Namen
zieren zu dürfen und iezt habe ich die Ehre eine theologische
Abhandlung damit zu zieren und sie dadurch Hochdenenselb-
ben ganz besonders zu widmen. Ich habe genug Bewegungs-
gründe dazu. Ich habe dabei auch die Versicherung, daß
Hochdieselben dieß Unternehmen nicht ungnädig vermerken
werden. Eure Hochwolgeborne Excellenz haben seit
diesen achtzehen Jahren mich, als einen fremden und von Person unbekannten, mit ungemeinen Wohlthaten überhäufet. Ich
habe durch Dero Vorsorge und von Dero Händen das kost-
bare Angedenken, nämlich das Comitiv erhalten, womit der
fromme und nun in Gott ruhende Fürst zu Schwarzburg Rudolstadt Herr Johann Friederich, glorwürdigsten Angedenkens,
um meines wenigen Fleisses willen, mich zu begnadigen geruhet
haben.

)(3

haben. Und welcher unvergleichliche Fürst auch in seiner Asche deswegen noch von mir verehret werden, weil Sie meine geringe Schriften, besonders die Wappenbelustigungen aus Dero Händen so gnädig angenommen und eines gnädigsten Beifalls gewürdiget haben — — In dieser Zeit haben Eure Hochwolgeborne Excellenz mich unzähliger Zuschriften gewürdiget. Sie haben mich an allen Begebenheiten, an den erfreulichen und an den traurigen Begebenheiten, Theil nehmen lassen, (und ich habe daran gewiß allemal den grösten Theil genommen) welche Dero vornehmes Hauß von Zeit zu Zeit betroffen haben. Dazu kommen noch die vielen gelehrten Geschenke, (welche aus der Feder der dasigen berühmten und gelehrten Männer, die der Rudolstädtischen Kirche und Schule eine wahre Ehre machen, geflossen sind) damit Sie mich von Zeit zu Zeit zu beschenken geruhet haben. Dazu tritt endlich der Beifall, welchen Hochdieselben einer Trauerrede geschenket haben, welche ich bei dem Grabe eines hiesigen Herrn von Adel gehalten, und unter dem Titel Thränen und Trost x. zum Druck befördert habe, und Dero Verlangen noch mehrere theologische Arbeiten von meiner geringen Feder zu sehen. Alles dieß hat mich bewogen Hochdenenselben ein öffentliches Opfer der Ehrerbietung und der Dankbarkeit zu bringen. Aus erst angeführten Ursachen aber habe ich eine theologische Schrift dazu erwählet. Ein viel grösseres Werk hätte mit Dero Portrait und Namen sollen gezieret werden. Ich war auch wirklich Willens bei einem weitläuftigeren Werk, welches den Titel führet: Ungrund, daß dem ersten Landgraven in Thüringen sind zwölf Thüringische Graven zum Erbhofgesind untergeben worden, dieß zu thun. Ich habe aber gegenwärtige Abhandlung iener weitläuftigen Schrift vorgezogen; weil ich weiß (und es ist ein besonderes Vergnügen für mich, daß ich dieß weiß) daß Eurer Hochwolgebornen Excellenz diese kleine Abhandlung so angenehm seyn wird, als iene Arbeit, ia als das gröste Werk. Denn sie enthält die wichtigsten und seligsten Wahrheiten. Sie
handelt

handelt von dem großen Herrn, der die Gottlosen gerecht machet, und der an dem größten Missethäter eine solche Probe andern zum Exempel gemachet hat. Es wird auch darinn die große, die unschäzbare Wahrheit bestättiget, daß demjenigen, der nicht mit Werken umgehet, aber an den glaubet, der die Gottlosen gerecht machet, sein Glaube zur Gerechtigkeit angerechnet werde. Diese Wahrheit machet die größte, die höchste Wissenschaft eines Christen aus. — — Sie giebt auch den größten Trost im Leben, im Leiden, vornemlich auf dem Kranken- und Sterbebett und in der Stunde des Todes; da alle irrdische Wissenschaft, wenn sie auch noch so groß gewesen ist, als denn verschwindet, und den Menschen trostloß da liegen lässet. — — Dieß aber ist die größte Wissenschaft, eine solche Wissenschaft, die einen Menschen muthig und freudig zu sterben lehret, die zum Himmel, die zu einer ewigen Glückseligkeit gelehrt machet; wenn sie nicht nur im Hirn ist, sondern wenn auch der Mensch die Ueberzeugung davon hat. — — Ich weiß es, (und es ist ein ganz ausnehmendes Vernügen für mich, daß ich es weiß,) ich weiß, daß diese Wahrheiten Hochdenenselben über alles gehen, und daß Sie Sich auch von dem großen Herrn gerecht machen lassen. Wenn ich nicht die Ehre hätte dieß aus andern Umständen zu wissen: so würde ich dieß aus der Nachricht, von der hochadelich Ketelhodtischen Gruft in Rudolstadt deutlich schlüssen können, womit Sie mich zu beschenken geruhet haben, und welche ich zur Bewunderung der Welt dieser kleinen Schrift angehänget habe, und dadurch ich bei meinen Lesern gewiß Dank verdienen werde; denn ich bin versichert, daß sie selbige nicht ohne Rührung lesen werden. Es ist ein seltenes Exempel, daß ein Herr vom Stande dem lezten Feind schon bei lebendigem Leibe entgegen gehet, schon in gesunden Tagen mit dem Tod sich bekannt machet, und nur deswegen bekannt machet, damit er diesen lezten Feind mit getrosten Muth erwarten kann, und damit er wol bereitet von ihm angetroffen wird, er mag auch kommen, wann er will. Die Aufschrift des schon bereiteten Sarges,

worinn

worinn einmal Dero Gebeine ruhen sollen, die merkwürdige Aufschrift: Herr, gehe nicht in das Gericht mit deinem Knecht, denn vor dir ist kein Lebendiger gerecht, diese bezeuget allzudeutlich, daß Sie Dero Gerechtigkeit nicht in Sich suchen, auch nicht in Dero Geburth Stand und Würden, noch weniger in Dero Verdiensten, um den Staat, um die Kirche Gottes, und um die gelehrte Welt, und die gewiß groß, sehr groß sind; sondern Sie suchen selbige in dem und bei dem, zu dem der Schächer gesprochen hat: Herr, gedenke an mich — —

Ich hoffe daher, daß Eure Hochwolgeborne Excellenz diese kleine Schrift, welche so wichtige Wahrheiten in sich hält, einer gnädigen Aufmerksamkeit würdigen, auch das öffentliche Opfer, welches ich dabei bringe, Sich wol werden gefallen lassen. Der Herr aber, welcher die Schlüssel der Höllen und des Todes hat, dieser eröffne erst in den spätesten Zeiten die Hochadeliche Ketelhodtische Gruft und Dero Sarg. Erst alsdenn öffne er sie, wenn Sie alt und lebenssatt sind, und wenn Sie zu seiner Ehre und zur Ausbreitung seines Reichs nichts mehr thun können. Dieser Herr, durch den alle Geschlechter auf Erden gesegnet werden, gedenke in Dero noch übrigen Lebenszeit in Gnaden an Sie. Er lasse Sie, zu Schwarzburgs Zierde und zur Ausbreitung seines Reichs, noch lange leben. Er gedenke auch in Gnaden an alle Dero hohe Angehörige, vornämlich aber an Dero ältesten Herrn Sohns, einer grossen Zierde des Adels und der gelehrten Welt, nämlich an des Hochfürstl. Schwarzburg-Rudolstädt. Vicecanzlers und Vicepräsidentens, wie auch Directors der Hochfürstl. Regierung und des Consistorii zu Frankenhaussen Hochwolgebornen Excellenz, an hochwelchem die Worte der Schrift wahr werden: Wenn einer einen weisen Sohn gezeuget hat, und hinter sich lässet: so ists als wenn er nicht gestorben wäre; weil

Sie

Sie nicht nur ein Erbe des väterlichen Namens, sondern auch
der väterlichen Tugenden, der Gelehrsamkeit, und der Gottseligkeit sind, und daher auch die vorzüglichen Würden begleiten,
welche Hochdieselben vormals mit so grossen Ruhm begleitet
haben. Und die höchste Vorsehung lasse Ihnen auch die andern hohen Würden zu Theil werden, welche Hochdieselben
iezt begleiten und einmal niederlegen werden; damit Eure
Hochwolgeborne Excellenz nach dem Tode in Dero
Herrn Sohn leben und es alsdenn soviel ist, als wären Sie
gar nicht gestorben — — In diesem wichtigen Zeitpunct,
da Sie alle Dero Würden niederlegen werden, nämlich in
der Stunde des Todes, gedenke der Herr aller Herren besonders an Sie. Er lasse Ihnen alsdenn auch das Wort
hören, welches in dieser Abhandlung ist erläutert worden: Du
sollt mit mir im Paradiese seyn, und lasse Sie unter
dieser süssen Versicherung, mit Freuden ienen Ort, auf eine
kurze Zeit beziehen, wo Sie sollen zu einer ewigen Dauer umge-
schaffen werden. Und wenn dieser Herr in seinem Reiche oder
in seiner Herrlichkeit wirklich kommet, (und wie bald wird er
nicht kommen, da schon so viele hundert Jahre verflossen sind,
da er gesprochen hat: Siehe ich komme bald, und wie
nahe muß nicht also inzwischen seine Zukunft heran gerückt
seyn) Wenn er denn in seiner Herrlichkeit kommet: so strecke
er auch alsdenn seine allmächtige Hand zu Dero Gruft aus.
Er wecke alle diejenigen, welche darinn schlaffen liegen, und
in Zukunft darinn ruhen werden in Gnaden auf. Er lasse Ihnen allen die erfreuliche Stimme hören: ihr sollt iezt mit
mir nach Leib und Sele im Paradiese seyn. — Er
erfreue Sie durch ein glückliches Wiedersehen, durch ein ewiges Wiedersehen aller vornehmen Freunde, welche an
Dero Seite die Nacht des Todes durchgeschlummert haben.
— — Wenn er alsdann die Erde verneuren wird, in welcher
Gerechtigkeit wohnet; wenn er sein Reich auf Erden wirklich
anrichten wird: so lasse er, da Sie die Ausbreitung der Ehre Gottes und der Gottseligkeit in den Schwarzburgischen Lan-
)( )(
den

den auf alle Weise zu befördern gesuchet; und da Sie durch Dero Exempel so viel Gutes gestiftet. so viele zur wahren Gottesfurcht angereizet haben: so lasse er alsdenn Dero Gnadenlohn groß seyn; so seze er Sie als seinen frommen und getreuen Knecht über viele und gebe Ihnen eine vorzügliche Stelle in diesem Reiche. — —

Unter diesem herzlichen Wünschen verharre ich mit beständiger Verehrung

Eurer Hochwolgebornen Excellenz

Markerlbach
am 5ten November, 1770.

unterthäniger Diener,
Samuel Willhelm Oetter.

Vorrede.

Dem Leser überreiche ich hier eine neue Probe von meinen Bemühungen in der Erklärung der Leidensgeschichte Jesu. Der Vorwurf gegenwärtiger Abhandlung gehöret zwar zu der eigentlichen Leidensgeschichte Jesu nicht. Sie enthält aber doch eine Begebenheit, welche sich zu einer Zeit zugetragen, da das Leiden Jesu die höchste Stuffe erreichet hatte, und da er mitten in diesem Leiden seine göttliche Hoheit zeigte; indem er einem grosen Missethäter seine Sünden vergab, ihm den Himmel eröffnete, und ihn noch selbigen Tage der Seelen nach mit sich in den Himmel nahm. Ich nenne diese Abhandlung eine neue Probe meiner Beschäftigungen in der Leidensgeschichte Jesu. Denn schon im Jahr 1761. untersuchte ich die Frage: Warum Herodes dem Heiland habe ein weisses Kleid anlegen lassen? Alsdann untersuchte ich im Jahr 1764. diese Frage: Warum Simon von Cyrene dem Heiland das Kreuz nachtragen müssen? Beide Abhandlungen traten nach einiger Zeit in einer vermehrtern Gestalt unter folgendem Titel ans Licht: Erläuterung einiger Umstände in der Leidensgeschichte Jesu. Gegenwärtige Abhandlung aber beschäftiget sich mit der Erläuterung des Gebets des Schächers am Kreuz: Herr! gedenke an mich, wenn du in dein Reich kommen wirst. Ich hoffe, der Leser werde meiner Erklärung Beyfall geben. Sollte ich aber die Sache nicht getroffen haben: so nehme ich eine bescheidene Zurechtweisung mit Dank an. Denn da ich mit einer neuen, vermehrten und verbesserten Ausgabe des Bynaei gekreuzigten Christus beschäftiget bin: so sind mir alle Beiträge, welche von gelehrten Männern hiezu gemachet werden, höchst angenehm.

Eben deswegen lasse ich meine Anmerkungen über den Bynaeus nach und nach an das Licht tretten; damit sie von meinen Lesern können geprüfet werden. Jetzt will ich noch einige Anmerkungen über diese Abhandlung hinzu thun. Ich habe in selbiger umständlich dargethan, daß alle Juden, und daß selbst die Apostel in den Gedanken gestanden sind, der Meßias werde ein neues Reich auf Erden anfangen, er werde diese

)( )(2   Welt

Welt verändern und in eine neue verwandeln. Der Hamburgische berühmte Gottesgelehrte, nämlich der Herr D. Göz (welcher von der ge-
sammten Evangelischen Kirche deswegen Hochachtung verdienet, weil er
die Gottheit Christi mit so nachdrücklichen und mit so überzeugenden
Gründen vertheidiget;) dieser hochverdiente Mann hat in seinen Reden,
darinnen er die grosse Lehre von dem jüngsten Gericht vorträget,
und zwar in der zweiten Rede S. 128. gesaget, daß die Apostel den Tag
des Herrn oder vielmehr seine Zukunft zum Gericht aus weisen Ursachen
als nahe vorgestellet hätten. Denn diese Vorstellung sollte die Sünder
von der Sicherheit abschröcken, die Ermahnungen der Apostel nachdrück-
lich machen, und die Nachfolger JEsu unter ihren Leiden stärken. Der
berühmte Herr Pastor Trinius, welcher seinem Amt Ehre machet, ist mit
dieser Meinung in dem I. Theil seiner Homiletischen Bibliotheck, da
er einen Auszug von jener Rede mittheilet, S. 224. nicht zufrieden.
Denn er schreibt daselbst also: Ich weiß nicht, ob man nicht der
Ehre der göttlichen Apostel zu nahe trete, wenn man ihnen
diese Absichten bey der Vorstellung des nahen Gerichts zuschrei-
bet. Denn haben sie diese Absichten würklich gehabt, so sind
sie schwerlich von einem heiligen Betruge frey zu sprechen. Wer
wird aber die Apostel vor heilige Betrüger ausgeben können? Der Herr
Senior Göz verdienet allerdings Beifall, wenn er sagt, daß die Apostel den jüngsten Tag deswegen nahe vorgestellet, um dadurch die Sünder von der Sicherheit abzuschröcken, und um ihre Ermahnung desto nach-
drücklicher zu machen. *) Dabei ist aber auch dieß gewiß, daß die Apostel

---

*) Da ich dieses Buch selbst nachschlage; so finde ich, daß der Herr S. Göz sich
ganz anders ausgedruckt hat. Wir wollen deswegen seine eigene Worte hieher
setzen. Und eben diese Ungewißheit der Zukunft des Richters, welche plötzlich und
unvermuthet erfolgen wird, rechtfertiget die, von den Aposteln gebrauchte Aus-
drücke, vollkommen. Die Klugheit erforderte, daß sie den Tag des Herrn,
als nahe vorstelleten. Würden sie nicht ihrem Haupt-zwecke gerade entgegen gehandelt, würden sie nicht der Sicherheit der Sünder, Polster untergeleget, und
die Bekehrung der Menschen von der Finsterniß zum Licht, wo nicht gar gehindert,
doch wenigstens sehr schwer gemachet haben? wofern sie behauptet hätten: daß
der Tag des Herrn, sehr weit entfernet sey. Was konnte ihren Ermahnungen
zum Glauben und zur Gottseeligkeit mehr Nachdruck geben? Was war kräftiger
die verstockten Sünder zu schröcken, und zum Nachdenken zu bringen? Was war
geschickter die Nachfolger JEsu, unter so manchen schweren Verfolgungen zu
stärken, und zu einer unwandelbaren Treue zu bewegen? als die Vorstellung:
daß der Tag des Herrn nahe, daß der Richter vor der Thür sey. Dieß sind die
Worte

fiel nicht anders gewußt, und nicht anders geglaubt haben, als daß der
Tag des Herrn nahe seye. Dieß hatten sie in ihren Schulen gehöret
und gelernet. Gewiß ist in den Schulen der Juden keine Lehre mehr
getrieben worden, als die von dem Meßias. Von nichts werden die
Jüdischen Lehrer ihren Schülern mehr vorgesaget haben, als von diesem. Sie werden den Pracht seines Reiches auf Erden ihnen beständ-
tig vor Augen gemahlet haben. Sie werden auch gelehret haben, daß
mit Ankunft des Meßias diese Welt werde vergehen, oder in eine neue
verwandelt werden. Die Jüdischen Lehrer hatten auch Ursache, ihre
Schüler also zu lehren. Denn bei den Propheten heissen die Tage des
Meßias die lezte Zeit, und auch die lezten Tage. Jes. II. v. 2. Mich.
IV. v. 1. Diese lezten Tage erklärten sie von dem Ende der Welt.
Und die Worte des Propheten Es. LXV. v. 17. LXVI. v. 22. von
dem neuen Himmel und von der neuen Erde nahmen sie im buchstäblichen Verstande. Sie sind auch nicht zu verdenken; da der Apostel Petrus sie auch also erkläret oder also verstehet. Nicht nur dieser
Apostel, sondern alle Apostel glaubten, das Ende dieser Welt und der Anfang der neuen Welt seye nahe. Der heilige Geist ließ ihnen diese Meinung,
weil sie den Grund des Glaubens nicht umstieß. Er ließ ihnen aber deswegen diese Meinung, damit er sie dadurch in ihren Leiden stärken mögte.
Folglich hat man nicht Ursache, die Jünger für heilige Betrüger aus-
zugeben. Das Ende der Welt war auch den Aposteln und den damaligen Christen nahe. Der Tod war ihnen nahe. Folglich war ihnen auch
das Ende der Welt nahe. Denn mit dem Tode eines Menschen nimmt
die gegenwärtige Welt ein Ende.

Ich habe in dieser Abhandlung weiters gesaget, daß die Juden in
den Gedanken gestanden seyen, der Meßias werde auf das Osterfest
kommen, sie von ihren Feinden erlösen, und sodann sein Reich anfangen.
Dieß werde in eben dem Monat geschehen, in dem sie aus Egypten sind
erlöset worden. Ich habe deswegen einige Jüdische Schriftsteller angezogen. Jezt will ich noch ein paar Zeugnisse anführen, welche ich in des
Herrn D. Chrysanders Erbauungsstunden S. 135. finde. Daselbst wird aus einem Rabbiner, welcher in Holland zum Vorschein ge-
) (3 kom-

Worte des Herrn Senior Gözens. Soll ich die Wahrheit sagen: so kommen
mir die Worte: Die Klugheit erfordert, daß sie den Tag des Herrn als
nahe vorstelleten, sehr bedenklich vor —— —

kommen, diese Stelle angezogen: daß gleichwie im Monat Nisan die Kinder Israel aus Egypten erlöset worden: so würden sie auch in eben demselben Monat künftig eine mächtige Erlösung erfahren. Imgleichen wird aus dem Talmud dieses angeführet: Im Nisan ist die Welt erschaffen; Im Nisan sind die Patriarchen geboren; Im Nisan sind sie gestorben; im Passah ist Isaac geboren; im Anfang des Jahrs: das ist im Nisan:) ist Sara, Rahel, Hanna heimgesuchet; im Anfang des Jahrs kam Joseph aus dem Gefängnis; im Anfang des Jahrs hatte die Dienstbarkeit unserer Vätter ein Ende; im Nisan wurden sie erlöset; im Nisan werden sie auch erlöset werden. Es war also eine bekannte und eine allgemeine Meinung unter den Juden, daß der Meßias sie um das Osterfest von der Hand ihrer Feinde erlösen, und daß er sodann auch sein Reich anfangen würde. *) Dieß war dem Schächer am Kreuz auch bekannt. Er hielte den Mann, der neben ihm gekreuzigt war, für den Meßias. Er hatte gehöret, daß er am dritten Tage auferstehen, und wie er glaubte, sodann sein Reich anfangen werde. Auf diese Meinung gründet sich sein Gebet. Nun fraget es sich billig noch: ob der Schächer den seligmachenden Glauben oder nur fidem miraculosam passivam gehabt habe? Die meisten Leute, welche damals unsern Heiland für den Meßias hielten, hatten nichts anders als fidem miraculosam passivam. Der Heiland forderte auch damals weiter nichts, als den Beifall, daß er der Meßias seye, und daß er helfen könne. Mehr nicht als soviel forderte damals der Heiland zum Glauben. Hiemit war der Heiland zufrieden. Wir sehen dieß aus dem letzten Sonntags Evangelio von dem Gichtbrüchigen. Es heißt daselbst: Der Heiland habe den Glauben der Träger und des Gichtbrüchigen gesehen. Dieß habe den Heiland bewogen, dem Gichtbrüchigen zu helfen. Aber was hatten denn die Träger für einen Glauben? Keinen andern als fidem miraculosam passivam. Von keiner andern Beschaffenheit wird

---

*) Da die Juden im Monat Nissan sind aus Egypten erlöset worden, da in eben diesem Monat die geistliche Erlösung durch Christum geschehen ist: so wird vielleicht die letzte Erlösung auch in diesem Monat geschehen. Den Tag und die Stunde weiß niemand, wenn Christus sein Reich auf Erden anfangen wird. Dieß saget die Schrift. Aber überhaupt von der Zeit redet sie nicht. Wenn in dem Monat, in welchem Christus gelitten hat, auch das Ende der Welt einbricht: so weiß doch niemand den Tag und die Stunde.

wird der Glaube des Schächers gewesen seyn. — Wer alle Umstände zusammen nimmt, der wird davon überzeuget. — — Auch kann ich nicht glauben, daß der Schächer in seinem Gebet dem Heiland eine solche Gerechtigkeit zugeschrieben habe, die nur allein Gott zukomme, wie der gelehrte Herr Nahmmacher in der Erklärung der Leidensgeschichte JEsu S. 198. aus des Peter Reuchen Annotatis in N. T. Tom. I. pag. 149. anführet. — — —

Darinnen aber hat sich der Schächer nicht geirret, wenn er geglaubt, daß er als ein Räuber könne keine Vergebung der Sünden, und also auch keinen Theil an dem Reiche des Meßias bekommen. Die Regula IV. Juris Canonici ex libro V. Decretalium: *Peccatum non dimittitur, nisi restituatur ablatum*, war schon im alten Testament bekannt. Sie war in dem Worte Gottes gegründet, und zwar im 2. Buch Mos. XXII. v. 5. 3 Buch Mos. IV. v. 4. 5. 6. 7. 4 Buch Mos. V. v. 7. 8. Und welche Regel Brunnemann in seinen *Prælectionibus publicis ad regulas iuris Canonici* pag. 17. sehr schön erläutert hat. Der Heiland machte aber von dieser Regel eine Ausnahme. Er bezeugte durch das Exempel des Schächers, daß er auch diese schwere Sünde vergeben könne, wenn nämlich die Erstattung, des geraubten nicht möglich ist, und wenn der bußfertige Sünder nur an ihn sich hält, und wenn er wünschet, das geraubte, das gestohlene, das mit List und Betrug an sich gebrachte Vermögen erstatten zu können. — — —

In dem 13 §. ist gesaget worden, daß der alte Simeon, wie alle Juden, geglaubet haben, daß bei der Ankunft des Meßias die Toden auferstehen würden. Er hat sich gewiß in seiner Meinung nicht betrogen. Ja, er ist gewiß ehender auferstanden, als er es vermuthet hat. Denn er war ohnfehlbar mit unter den Heiligen, welche nach der Auferstehung JEsu aus ihren Gräbern gegangen sind. Noch muß ich bei den Worten des Schächers bemerken, daß einige Exemplarien des griechischen neuen Testaments auch diese Worte haben: εϛϱϕεις πϱος τον Κυϱιον ειπεν αυτω Das heisset, indem er sich zu dem Herrn wandte, sprach er zu ihm — Diese Worte gehören ganz gewiß hinein. Sie haben auch ohnfehlbar in den ältesten Codicibus gestanden. Vermuthlich hat sie ein Abschreiber des neuen Testaments aussen gelassen; dergleichen Exempel wir mehrere haben. Durch das öftere Abschreiben eines solchen Codicis geschahe es dann, daß jene Worte immer weggeblieben. Hiebei muß auch

dieß

dieß nothwendig angemerket werden, daß in einigen Exemplarien des griechischen neuen Testamentes auch diese Worte stehen: εν τη ημερα της
ελευσεως σε, *) das heisset: gedenke an mich, an dem Tage deiner Zukunft, oder deiner Ankunft, nämlich zu deinem Reiche. Vermuthlich sind diese Worte in einem alten geschriebenen neuen Testament
neben am Rand zur Erläuterung der Worte: Herr gedenke an mich,
wenn du in deinem Reiche kommest, gesezet worden. Vermuthlich ist
diese Glosse nachgehends bei dem Abschreiben des Evangelisten mit in den
Text gebracht worden. Man siehet aber auch hieraus, daß man die
Worte des Schächers ehehin auch nicht anders verstanden habe, als wie
ich sie erkläret habe. Wer alle Umstände zusammen nimmet, der muß
auch dieser Erklärung nothwendig Beifall geben. Wozu ich noch seze,
daß die Worte: οταν ελθης εν τη βασιλεια σε auch gar wol also können
gegeben werden: wenn du wirst in deinem Reiche gekommen seyn.
Eben also müssen die Worte 2 Thess. II. v. 10. οταν ελθη übersezet werden: wenn er wird gekommen seyn —

Auf der 20sten Seite ist gegen das Ende gesaget worden, daß unsere Erde könne nicht in ein nichts verwandelt werden, nämlich du.ch
das Feuer — Ich erinnere hiebei, daß auch die Heiden und zwar insonderheit die Malabaren in den Gedanken stehen, daß der Erlöser
der Welt, welchen sie Wischnu nennen, kommen und die Erde dergestalt erschüttern werde, daß die grosse Schlange, auf welcher die
Erde ruhet, sie müsse fallen lassen, und daß alsdann eine neue Erde
entstehen solite; wie dieß Herr Gustav Friederich Gerbell in der
Ostindischen Naturgeschichte, Sitten und Alterthümer, insonderheit bei den Malabaren S. 230. berichtet. Dieser Herr Schriftsteller bemerket, daß die Heiden nicht vergessen hätten, daß ein göttlicher
Erlöser, der Schlangentretter kommen, zulezt aber der allgemeine Welt-
richter werden sollte 2c. Es wollen aber diese Heidnischen Völker mehr
sagen als dieser Schriftsteller meinet. Da sie von einem der Söhne
des Noah abstammen: so ist ihnen der Sündenfall Adams durch Ver-
führung einer Schlange, ohnfehlbar bekannt worden. Weiters müste
ihnen bekannt werden, daß um der Sünden willen, welche durch der
Schlangen

---

*) Wie CHRISTIAN REINECCIUS in *Bibl. sacr. quadriling. N. T. pag.*
312. anmerket.

Schlangen Neid in die Welt gekommen, die Erde verfluchet worden. Dieß wollten sie damit sagen, wenn sie vorgeben, die Erde ruhe auf einer grossen Schlange. Bei der Ankunft des Meßias glauben sie, würde die Erde erschüttert, und dadurch würde die Schlange auch die Erde müssen fallen lassen. Das heisset, der Erlöser werde die Erde von der Sünde reinigen, und eine ganz neue Erde herstellen. Dieß wird in der Apostelgeschichte Cap. III. v. 21. χρονος αποκαταςασεως παντων tempus restitutionis omnium genennet, *) da nämlich die Dinge, welche durch den Sündenfall in Unordnung gekommen, sollen wieder in Ordnung gebracht werden. Es ist also gewiß, daß die Heiden nicht den gänzlichen Untergang dieser Erden, sondern ihre Verneurung durch den Erlöser glauben. Aber wo haben sie dieß gelernet? Diese Nachricht haben sie durch eine mündliche Tradition bekommen. Die Altväter haben sie auf ihre Nachkommenschaft fortgepflanzet. Woher haben aber die Altväter diese Nachricht bekommen? Ganz gewiß durch eine göttliche Offenbahrung. Also gründet sich die Tradition von der Erneuerung dieser Welt durch den Heiland nicht auf blose Muthmassungen. — Da die Apostel diese Wahrheit über dieß mit deutlichen Worten bezeugen: so dürfen wir daran um so weniger zweifeln. Also war der Schächer nicht zu verdenken, wenn er von dem Heiland begehret an ihn zu gedenken, **) wenn er sein Reich auf Erden anrichten werde.

Die

*) Dieß nennet unser Heiland Luc. XIX. v. 27. die παλιγγενεσιαν, die Erneuerung, die neue Erschaffung der Erden; wie in dieser Abhandlung ist bemerket worden.

**) Daß das Wort μνημονευω sich nicht nur jemands überhaupt erinnern bedeute, sondern sich eines Elenden der Gestalt erinnern, daß man ihm gutes thue, dieß habe ich in der Abhandlung selbst nicht bemerken mögen; weil es eine überflüßige Sache gewesen wäre. Doch will ich hier anmerken, daß dieß Wort Gal. II. v. 10. im lezten Verstand genommen werde. Man sehe des sel. Generalsuperintendenten Seidel Erklärung des Briefes des Apostels Pauli an die Colosser S. 246. und OUTREIN Erklärung der Epistel Pauli an die Hebräer im dritten Theil S. 419. 461.

X)(X

Vorrede.

Die Antwort des Heilandes auf dieß Gebet ist sogleich in dieser Abhandlung mit wenigen erläutert worden. Künftig aber wird dieß umständlicher geschehen, wie im 1. §. versprochen worden, da aber p. 2. lin. 21. an Statt Antwort des Heilandes ist fehlerhaft Gebet des Heilandes gesezet worden. So mus auch pag. 3. lin. 29. an Statt: vor dem Meßias ist geweissaget worden, gelesen werden: von dem Meßias — Imgleichen mus pag. 36. lin. 25. an Statt: da er seine Predigten mit erstaunlichen Wundern versicherte gelesen werden — versiegelte. Weiters mus p. 22. lin. 8. an statt: v. 23. vom Untergang der Welt geredet; gelesen werden: vom Untergang der Stadt Jerusalem; dem 24 Vers aber vom Ende der Welt —

Die übrigen Druckfehler, welche nur einzele Buchstaben betreffen, wird der Leser entschuldigen; da die Druckfehler heut zu Tage bei einem Buch ein nothwendiges Uebel zu seyn scheinen. — — —

Erläuterung des Gebets des Schächers
am Kreuz:

Luc. XXIII. v. 42.

Μνήσθητί μυ κύριε, ὅταν ἔλθῃς ἐν τῇ βασιλείᾳ συ.

Memento mei Domine, cum veneris in Regno tuo.

Herr gedenke meiner, wenn du in deinem Reiche kommen wirst.

§. I.

Es ist schon lange mein Geschäfte mich bei meinen Nebenstunden in der Paßionszeit, mit der Leidensgeschichte Jesu zu unterhalten, und davon ich die Ursache an einem andern Orte angezeiget habe. a) Vor letze aber muß ich die Ursache angeben, warum ich auf das Gebet des Schächers am Kreuz verfallen bin. Ich suchte neulich in des Herrn Rath-

a) In der Vorrede zu der Schrift, welche diesen Titel führet: Erläuterung einiger Umstände in der Leidensgeschichte Jesu.

X

Rathlefs Geschichte iezlebender Gelehrten etwas nach, und da kam mir im fünften Theil S. 164. die Geschichte Auguſt Beiers Predigers bei Dresden in die Hände. Da dieſer Mann ein großer Kenner rarer Bücher geweſen iſt: ſo nahm der Herr Rathlef hievon Gelegenheit. S. 194. eines ſeltenen in Holländiſcher Sprache gedruckten, aber auch untergedruckten Buches zu gedenken. Es iſt dieß Rörbachs Wörterbuch, in welchem alle fremde Wörter in rein holländiſch überſezet werden. S. 478. kommet er auch auf das Wort Paradieß. Der Herr Rathlef bringet S. 203. die Grillen dieſes Mannes, welche er über das Paradieß hat, bei. Das Paradieß, ſchreibet er, iſt ihm eine Sache, die gar nicht begreiflich. Er gehet die drei Stellen des neuen Teſtamentes durch, wo dieß Wort vorkommet, und tadelt ſie alle drei. Die Bitte des guten Schächers, ſagt er, und die Antwort des Heilandes ſtimmen mit einander gar nicht überein. Denn iener redet von einem Reiche und dieſer von einem Luſtgarten. Und überhaupt verwirft er Paradieß und Himmel. Denn die Schrift lehre, daß das Königreich in uns ſeye. Daher wir denn in kein Reich, in kein Paradieß, in keinen Himmel kommen können. Dieſer Mann oder vielmehr ſeine Grillen haben mich denn beſonders bewogen, das Gebet des Schächers am Creuz vor die Hand zu nehmen, und es zu erläutern. Zu einer andern Zeit ſoll ein gleiches mit dem Gebet des Heilandes geſchehen. Rorbach ſcheinet nicht Unrecht zu haben, wenn er ſaget, daß ſich die Antwort des Heilandes auf das Gebet des Schächers nicht ſchicke. Sie ſchicket ſich aber deswegen nicht dazu, weil man das Gebet des Schächers nicht recht verſtehet und erkläret. Betrachtet man aber das Gebet des Schächers aufmerkſam; erläutert man es aus der Jüdiſchen Theologie: ſo wird ſich zu Tage legen, wienach ſich die Antwort des Heilandes dazu reimet. Denn eine ungereimte Antwort kann der Heiland wol dem Schächer nicht gegeben haben. Jenes ſoll nun iezt hier geſchehen.

§. 2.

Von was von einer Religion der bekehrte Schächer geweſen.

Vor allen Dingen müſſen wir fragen: ob dieſer Schächer ein Jud oder ein Heid geweſen ſeye? Diejenigen, welche ihn und ſeinen Camerraden für Heiden ausgeben, dieſe irren ſich ſehr. a) Das Gebet des Schächers und die Antwort des

a) Dieß glaubet unter andern Martin Grulich in den geiſtlichen Erquickſtunden unter dem Creuze Jeſu. Daſelbſt ſchreibt er p. 340. alſo: Beide Schächer waren

des Heilandes auf dieß Gebet, beweisen das Gegentheil. Der Schächer bekennet in seinem Gebet den Heiland für den Meßias. Das Wort Herr beweiſſet es zwar allein noch nicht. Das Prädicat Herr gaben die Juden und alle Orientalische Völker auch den geringſten Perſonen; ſo wie die Franzoſen und die Spanier heut zu Tage auch thun. Man findet dieß bei den Evangeliſten gar oft. So ſagten iene Griechen oder iene Juden, welche griechiſch redeten, und die griechiſche Bibel laſen, als ſie auf das Oſterfeſt kamen, zu den Apoſtel Philipp: Herr, wir wollten Jeſum ſehen. Joh. XII. v. 21. So ſaget die Maria Magdalena zu dem Heiland nach ſeiner Auferſtehung, als ſie ihn für den Gärtner anſahe: Herr haſt du ihn weggetragen: ſo ſage du mir es, wo du ihn hingeleget haſt.—Joh. XX. v. 15. Doch iſt dabei gewiß, daß auch höhere Perſonen ſind ſchlechthin Herren genennet worden. So hießen die Juden den Pontium Pilatum einen Herrn. Matth. XXVII. v. 63. Ja, auch der Römiſche Kaiſer heißt ſchlechthin ein Herr. Apoſtelgeſchichte XXV. v. 26. Und die ſiebenzig Dollmetſcher ſezen allemal das Wort κυριος an ſtatt Jehovah. Der Schächer hält den Heiland für den König der Juden. Er gebraucht alſo das Wort Herr nicht im gemeinen Verſtande. Er glaubte, daß der Heiland ein Reich habe. Aber davon hat ein Heid nichts gewußt. Zwar ſagte der Heiland zum Pontius Pilatus: mein Reich iſt nicht von dieſer Welt. Aber dieſe Worte verſtund der Pontius Pilatus als ein Heid gar nicht. Die andern Römer verſtunden es eben ſo wenig. Was ſollten ſie von dem Meſſias, und von ſeinem Reiche wiſſen. a) Dieß war nur den Juden bekannt. Nothwendig muß alſo der Schächer ein Jud geweſen ſeyn. Sein Camerrad war desgleichen. Dieß ſiehet man aus ſeinen Worten: Biſt du Chriſtus: ſo hilf dir und uns. Das heiſſet: biſt du der Meßias: ſo hilf uns. Der Schächer ſiehet mit dieſen Worten auf die Weiſſagung des Propheten Zacharias, Cap. IX. v. 9. Daſelbſt wird der Meßias als ein Helfer verheiſſen. Er will alſo ſo viel ſagen: vor dem Meßias iſt geweiſſaget, daß er den Juden aus ihren Nöthen helfen ſolle. Biſt

A 2   du

waren Heiden. Ein Heide konnte aus ſeinem Verſtändniß nichts von einem Reiche des Jeſu von Nazareth wiſſen. Und dieß glaube ich auch. Daher waren ſie keine Heiden.

a) Die Worte des Hauptmanns, warlich dieſer iſt Gottes Sohn geweſen, dürfen nicht zum Beweiß angezogen werden, daß die Römer etwas von dem Meßias gewußt haben. Dieſe Worte haben einen ganz andern Verſtand. Doch iſt gewiß, daß die Heiden, welche an dem jüdiſchen Lande gewohnet, etwas von dem Meßias gewußt haben. Das Cananäiſche Weib bezeuget dieß mit ihren Gebet: Ach Herr! du Sohn David erbarme dich mein.

du also der Meßias: so mache eine Probe, und hilf uns vom
Kreuz. Und allen Ansehen nach hat der bekehrte Schächer gleiche Worte
gesprochen; wie wir unten vernehmen werden. Dieß leget nun klar zu Tage,
daß die Schächer können keine Heiden gewesen seyn. Die Heiden wußten nichts
von dem Meßias. Die Antwort des Heilandes: heute wirst du mit
mir im Paradieße seyn, diese bezeugen es noch mehr. Denn was hat
ein Heid von dem Paradieße wissen sollen? Nur die Juden wußten davon.
Nur diese glaubten, daß die Seelen der Gerechten in das Paradieß oder in
den Garten Eden aufgenommen würden. a) Folglich mußte der Schächer
nothwendig ein Jud seyn.

§. 3.

Von was
für einem
Stande der
Schächer
gewesen.
Nun müssen wir auch fragen: von was für einem Stande dieser Schächer gewesen seye? Er mag kein geringer
Mann gewesen seyn. Er mag gewiß von einem vornehmen
Stande gewesen seyn. Ich vermuthe dieß daher. Man siehet
bis auf den heutigen Tag die Ueberbleibsel des Schlosses, wo dieser
Schächer soll gewohnt haben. Dieß bemerken so viele Reißbeschreibungen in
das Jüdische Land. Also stehet in einer solchen Reißbeschreibung: b) „Da
„es recht Tag war, ritten wir etwan eine welsche Meil auf der Ebene:
„dann naheten wir uns alsbald zu den Jerusalemitanischen Gebürg, und
„sahen bald auf einem Hügel ein Gebäu von Steinen, aber zerstöhret, wel-
„ches uns der Trotzelmann S. Dinas c) genannt, anderst castel de la-
„trone und solle auf diesem Schloß der zur Rechten des Herrn Christi ge-
„kreuzigte Schächer vor diesem gewohnt und geraubt haben. Aus selbigen
„Schlosse giengen etliche Araber zu uns auf dem Wege, denen unser Tro-
„tzelmann etliche Maydinen gab (ist eine silberne Münze, und gilt ein
                                                            „Maydin

---

a) Wie künftig in einer umständlichen Erläuterung über diese Worte des Heilandes
   wird dargethan werden.
b) Dieß Buch kam zu Nürnberg im Jahr 1678. unter folgenden Titel heraus:
   Der christliche Ulysses oder weit versuchte Cavallier fürgestellt in der denk-
   würdigen Verreisung sowol des heiligen Landes, als vieler anderer morgen-
   ländischer Provinzen, Landschaften und berühmter Städte, welche mit son-
   derbarer Curiosität und klüglicher Bemerkung aller solchen fremden Oerter
   und Einwohner manchfeltigen wunderseltsamen Gebräuchen, Sitten, Natu-
   ren und Eigenschaften, wie auch andere Denk- und Schauwürdigkeiten, der
   zwar lang allbereit in Gott ruhende, Hochwolgeborne Herr Herr Christoph
   Harant, Freyherr von Polschiz beschrieben hat.
c) Dinas soll dieser Schächer geheißen haben.

„Maydin acht Putzandel, oder drey Heller) an unſerer Statt, damit ſie
„dann friedlich von uns weggegangen.„ Eben dieſes bezeuget ein Franciſca-
ner Mönch, Namens Electus Zwinner, welcher ſehr oft in dem heiligen
Lande geweſen iſt, in der herausgegebenen Beſchreibung dieſes Landes. a)
Denn daſelbſt lieſet man S. 110. alſo: Caput III. von dem Dorf des
guten Schächers, der erſten Pilgerſchaft. „Wann die Pilger von
„Rama, allda ſie ein, oder zwey Tag (nach deren guten Gelegenheit) in
„unſern Hoſpitio verbleiben, unnd ausgeruhet, machen ſie ſich alsdann
„wiederumb auff, ihre Reyß zu continuiren nacher Jeruſalem, 6. teutſche
„Meyl Wegs, bey anderthalb Meyl oder etwas weiters, iſt eine ſchöne
„Ebene, der ander Weg aber biß nacher Jeruſalem iſt lauter Berg und
„Thal, da iſt zu merken, wenn man ungefähr bey zwey teutſche Meyl, et-
„was minders von Rama gereyſt iſt, auf der rechten Hand ein kleiner Weg
„auſſer der Land Straſſen, da ſiehet man auff einen Berg ein Gebäu, ei-
„nem Dorf gleich, ſehr zerſtöhret, allda vor Zeiten eine groſſe ſchöne Kir-
„chen geweſen, ieziger Zeit aber, werden alleinig die Grundſtein geſehen,
„welche gnugſam bezeugen, daß allda eine groſſe Kirchen geſtanden. In
„gemein wird dieſer Orth von den Orientaliſchen Völkern Caſtrum boni
„latronis genennet. S. 113. ſetzet er noch dieſes hinzu: Iacobus a Vo-
„ragine ſermone de Innocentibus, Hugo Cardinalis, vnd Antonius
„Gilſandus quaeſt. 677. in Dominicam Paſſionis melden, daß, als die
„Mutter Gottes mit Jeſu und Joſeph in Egypten geflogen, ſeynd ſie geſal-
„len unter die Mörder und Räuber, bey welchen in der Geſellſchaft ſich auch
„der gute Schächer befunden, dieſer, als er das Kind JEſu angeſchaut,
„redet er dieſe Worte (wie Hugo Cardinalis ſchreibt) und ſprach, wenn
„Gott die Menſchheit annehmen thäte, wolt ich ſagen, daß er die Geſtalt
„dieſes Kindleins erwählen wurde, hat ſie alſo frey und ſicher ohne einige
„Widerwärtigkeit paßiren und fortreiſen laſſen. Warum aber dieſes oben-
„benennte Dorf den Nahmen (des guten Schächers) bekommen, bin ich der
„Meinung, daß die Chriſten (weilen er von den allerhöchſten Prieſter ſelb-
„ſten öffentlich, auch vor iedermann canoniſiret und heilig geſprochen) ein
„Gedächtniß aufgerichtet, vnd ihn zu Ehren eine Kirche bebauet, davon
                               A 3   „das

---

a) Dieß Buch kom unter folgenden Titel zum Vorſchein: Blumen Buch des heiligen Landes Paleſtinae, ſo in drey Bücher abgetheilt. Durch Patrem Fr. Ele-
ctum Zwinner, des heiligen Ordens S. Franciſci der ſtrengeren Obſerv. der
Böhmiſchen Provintz, Alumnum, General Prediger, Diffinitorem, und geweß-
ten Commiſſarii des heiligen Landes in Truck gegeben. Gedruckt in Chur-
fürſtl. Haupt und Reſidentz Stadt München, durch Johann Wilhelm Schell,
bey Johann Wagnern Buchhändlern allda zu finden. Im Jahr Chriſti 1661.

„das Dorff den Namen bekömmen wird haben. Vnnd dieß sey gnug von dem
„Dorff des guten Schächers,, Der oblge Umstand mag wol eine Fabel seyn.
Aber solten wir auch daran zweifeln können, daß dieser Schächer ein reicher
und vornehmer Mann gewesen seye? Man weiß ja, daß damals die reich-
sten und vornehmsten Leute das Handwerk des Schächers getrieben haben.
Vielleicht war dieß auch die Ursache, warum man diesen Schächer an der
rechten Seite des Heilandes gekreuziget und warum man ihm dadurch einen
Vorzug vor dem andern Schächer gegeben hat. Und vielleicht zielet die Weiß-
sagung des Propheten Jesaia cap. LIII. v. 9. Er ist gestorben, wie
ein Reicher, wie wol er niemand Unrecht gethan hat, und kein Betrug
in seinem Munde gewesen ist, vielleicht zielen die angezogenen Worte auf
diesen Schächer. Eigentlich heissen die Worte, er ist gestorben, wie ein
Reicher, also: Man hat bei seinem Tode einen Reichen hingestellet
oder verordnet, oder cum diuite fuit in mortibus suis. Vielleicht
wird unter diesem Reichen der reiche Schächer verstanden. Er war ja bei
dem Tode des Heilandes der nächste. Daß aber diese Worte nicht auf den
Joseph von Arimathia gehen können, davon werde ich auch dadurch
überzeuget. Einmal war bei dem Tode des Heilandes nicht ein Reicher.
Es war auch ein Nicodemus dabey. Dieser aber war gewiß kein armer
Mann. Man weiß, daß die Pharisäer insgemein reiche Leuthe gewesen
sind. Noch mehr wird es dieser Oberste der Pharisäer gewesen seyn.
Hiezu kommet zweitens dieses. Der Prophet redet nicht von einem Tod.
Er redet von Toden, (mortibus) in der mehreren Zahl. Aber warum
wird in der mehrern Zahl geredet? Nicht sowol deswegen um den Grad des
Todes, oder den schmerzlichen und abscheulichen Kreuzestod abzubilden.
Deswegen wird der Tod des Heilandes in der mehrern Zahl vorgestellet;
weil er einen Millionen Tod ausstehen müssen, oder weil er für alle Menschen den Tod schmecken müssen, und zwar den geistlichen, den ewigen und den
zeitlichen Tod. Auf diesen vielfachen Tod siehet der Prophet. Ist dieß gewiß und wird niemand dieß läugnen können: so ist auch dieß gewiß, daß
er mit dem Reichen nicht kann auf den Joseph von Arimathia gesehen
haben. Als der Heiland diesen vielfachen Tod ausstunde: so war ihm dieser Mann nicht nahe, oder er hatte mit dem Heiland noch nichts zu thun.
Aber, der reiche Schächer war ihm sehr nahe, ja er war ihm am allernäch-
sten, als er diesen Tod schmeckte. Er war ihm über dieß auch im Tode nahe. Denn er gieng mit ihm in das Paradieß. a) Der Joseph mag zwar
auch

a) Wer alle Meinungen der Gelehrten über diese schwere Schriftstelle mit einander
lesen will, der findet sie in des seligen Haubers neuen biblischen Betrachtungen
über

auch mit unter den Zuschauern gewesen seyn, als der Heiland gekreuziget
wurde und starb. Aber so nahe war er ihm doch nicht, als der Schächer.

§. 4.

Nun fraget es sich noch mehr: was diese zwei Männer   **Was die**
verbrochen hatten? Bynaeus meinet a) sie wären an einem   **Schächer**
Aufruhr Schuld gewesen, dergleichen man auch unsern Heiland   **verbrochen**
beschuldiget habe, und daß sie nicht hätten unter der Herrschaft   **hatten, daß**
des Kaisers stehen wollen. b)   Es ist aber diese Beschuldigung   **sie deswegen**
ungegründet.   Die Evangelisten gedenken nichts davon.   Von   **gekreuziget**
dem Barnabas erzählen sie wol, daß er um eines Aufruhrs   **wurden.**
willen, in die Gefängniß geleget worden. Aber dieß sagen sie nicht von denen, welche mit dem Heiland gekreuziget wurden.   Es ist zwar wahr, daß
der Prophet Esaias saget *Cap. LIII. v.* 12. der Heiland wäre unter die Aufrührer gezählet worden ; denn ein solch Wort gebrauchet der Prophet.   Es
ist auch wahr, daß der Evangelist Marcus *Cap. XV. v.* 28. sich auf diese
Weissagung beruffet, und nachdem er erzählet, daß der Heiland zwischen
zweien Mördern gekreuziget worden, hinzu sezet: da wurde die Schrift
erfüllet, die da saget: er ist unter die Uebelthäter gerechnet. —
Es ist aber hiebei zu bemerken, daß diese Weissagung nicht auf die Schächer,
sondern ganz allein auf den Heiland gehe.   Der Prophet will so viel sagen:
man hat den Meßias unter die Aufrührer gezählet, oder man hat ihn eines
Aufruhrs beschuldiget und deswegen hat man ihn gekreuziget.   Die zwei
Schächer waren gewiß keine Aufrührer.   Der Heiland konnte also nicht
unter

über einige schwere und wichtige Stellen der heiligen Schrift von S. 1. bis
76.   Doch finde ich bei einem dieser Schriftsteller, S. 50. §. 82. daß auch der
unsterbliche Gottesgelehrte, *D. August Pfeiffer* in den *Dubiis Vexatis Cent.*
quart. loc. XXIV. eben diese Gedanken von den Schächern hat, und sie beide oder
auch nur einen für den reichen ausgiebet, mit welchem der Heiland gekreuzet worden.   Ich habe die Dubia Vexata des sel. Pfeifers nicht bei Handen.   Ich kann
also auch nicht sagen, aus was für Ursachen er unter den reichen den Schächer verstehet.   Wenn aber der sel. Hauber dabei anführet, daß die Meinung des seligen
Pfeifers noch weniger Wahrscheinlichkeit habe als andere Meinungen: so glaube
ich vielmehr, daß diese Meinung den größten Grad der Wahrscheinlichkeit erreichet,
und daß sie müsse allen Meinungen der Erklärungen vorgezogen werden, wenn
man dasjenige dazu nimmt, was ich oben vorgetragen habe.
a) S. 688. und ferner.
b) S. 729.

unter sie gezählet werden. Das Wort λησης saget deutlich, was sie gethan hatten. Sie waren Räuber und Mörder. Denn beides bedeutet
das griechische Wort. a) Sie waren Räuber, welche die Menschen auf den
Straßen angefallen, sie geplündert, und die sich gewehrt, sodann ermordet
haben. b) Daß sie es müssen sehr arg gemachet haben, das kann man daher abnehmen, weil sie bis auf das Osterfest sind aufbewahret und in Gegenwart einer Menge Volks, zum Abscheu anderer hingerichtet worden.
c) Denn so verfuhr man mit den groben Missethätern.

§. 5.

Warum
sie in der
deutschen
Sprache
Schächer
genennet
werden?

Hierauf müssen wir weiters fragen: warum sie Schächer genennet werden? Dieß Wort bedeutet so viel als einen Räuber. In einer alten deutschen Uebersetzung der Sprüch-
wörter Salomonis d) heisset es Cap. XXIII. v. 28. an statt:
sie lauerte wie ein Räuber, sie lag an den Weg als ein
Schächer. Es kommt dieses Wort von dem niedersächsischen
schacken her, welches rauben bedeutet. e) Doch hat der berühmte Ha-
renberg von der Bedeutung dieses Worts eine andere Meinung. f) Denn
er

a) Daß die Räuber in dem jüdischen Lande auch Mörder gewesen sind, das lehret
unser Heiland in dem Evangelio von dem Juden, der von Jerusalem nach Jericho
gienge und unter die Räuber verfiel. Luc. X. v. 30. Der Evangelist sezet das
Wort λησης. Eigentlich bedeutet es einen Räuber. Diese Räuber giengen aber
mit den Leuthen mörderisch um; wie an dem Exempel des Menschen, der nach Jericho gienge, zu sehen ist. Daher bedeutet das Wort λησης einen Räuber und
Mörder zugleich.

b) S. Schmuckers leidenden Christum, S. 566.

c) Man weiß aus dem jüdischen Geschichtschreiber Iosepho, daß es zu Zeiten unsers
Heilandes, eine große Menge von Mördern und Räubern in dem jüdischen Lande
gegeben habe. Besonders war die Gegend zwischen Jerusalem und Jericho eine
Mördergrube. Deswegen befahl unser Heiland, daß seine Jünger zwei Schwer-
der kauffen sollten; damit sie sich im Nothfall wehren könnten.

d) Welche Christian Schöttgen in den novis Actis scholasticis des berühmten Bie-
dermanns in dem 7. Stück des 1sten Bands S. 586. §. 11. mitgetheilet hat.

e) S. Marbachs Evangelische Singschule und zwar das angehängte Liederlexicon,
S. 209. Wenn er aber hinzusetzet: Schächer wurden die öffentlichen Uebelthäter genennet, unter welche Christus zu Zeit seines Leidens gerechnet wurde: so ist
dieß gefehlet. Man sehe Rambachs Paßions-Betrachtungen. S. 1238. in der
Anmerkung nach.

f) In der Observ. de origine & significatu vocis priscae Schächer. Man sehe
auch Rathlefs Geschichte iztlebender Gelehrten, 5ten Theil, S. 137.

er glaubt, es komme von dem Niedersächsischen Wort Sáxes her, welches
einen Dolch bedeutet, und daß daher diejenigen, welche Gewehr trugen,
Sáxers genennet wurden. a)   Daher seye das Wort Schächer entstanden,
welches einen Siccarium bedeute.   Eben dieses bedeutet auch das griechische
Wort λησης.   Doch scheinet die oben angeführte Bedeutung des Worts
Schächer mehr Beifall zu finden.

§. 6.

Daß die Römer die Rauber mit der Kreuzesstraffe beleget   Warum
haben, das ist bekandt. b)   Nur ist die Frage: warum man   der Heiland
unsern Heiland mitten sie gekreuziget habe? Der berühmte Herr   zwischen die-
Nahmmacher c) meynet die Soldaten hätten es deswegen   sen Schä-
gethan, um damit am Tage zu legen, daß sie den Heiland unter   chern gekreu-
diesen dreien für den größten Verbrecher hielten.   Sie hätten   ziget wor-
dieß also zu seiner größern Beschimpfung gethan.   den?

Freilich war der Heiland in ihren Augen der größeste Missethäter; denn
er wurde als ein Rebell, als ein Aufrührer gekreuziget.   Deswegen wurde
er auch zwischen zween Missethäter gekreuziget; denn diese sollten seine zween
Staatsminisers vorstellen.   Man darf nur an die Bitte der Mutter der
Kinder Zebedäi gedenken: Laß diese meine Söhne sizen in deinem Reiche einen zur rechten und den andern zur Linken; so wird man hievon überzeugt werden.   Hierbei müssen wir fragen: ob dieß zur Erfüllung
der Weissagung nothwendig geschehen müssen? Nein.   Es ist nicht schlechterdings deswegen geschehen, weil es Gott weissagen lassen.   Gott sahe voraus, daß es so gehen würde.   Darum ließ er es vorher sagen. Es. 53.
v. 12.   Deswegen mußte es nachgehends nothwendig in Erfüllung gehen.
Es geschahe also dieß nicht schlechterdings deswegen, weil es Gott vorher
verkündigen lassen. d)

§. 7.

a) Andere leiten dieß Wort aus der Hebräischen Sprache her.   Man sehe Wimmers
   Liedererklärung n im 11ten Theil S. 222.
b) HEINECCIUS hat dieß in Syntagmate Antiquit. Rom. Lib. IV. Tit. 18. §. 61.
   p. 366. bereits dargethan.
c) In der Erklärung der Leidensgeschichte, S. 181. §. 21.
d) Man sehe, was der berühmte Nahmmacher S. 182. hiezu saget.

B

§. 7.

Jezt muß noch eine andere wichtige Frage beantwortet werden und zwar diese: Ob dieser Schächer vor seiner Bekehrung den Heiland am Kreuz mit gelästert habe? Einige geben vor, nur der andere Schächer, der sich nicht bekehrte, habe dieß gethan. Sie suchen es damit zu beweisen, weil der Evangelist Lucas erzählet, daß nur einer von den gekreuzigten dieß gethan habe. Wenn man aber einwendet, daß einige Evangelisten mit ausdrücklichen Worten sagen, daß alle beide hätten gelästert: so antwortet der berühmte Herr Mahmmacher S. 196. in der Anmerkung hierauf, es wäre sehr gewöhnlich daß die Verwechselung der Zahlen geschehe, und daß man sage, wir haben erzählet ꝛc. und seye doch nur eine Person ꝛc. Aber hiermit ist noch nicht alles beantwortet. In historischen Umständen ist es nicht gewöhnlich, die mehrere Zahl (pluralis,) für die einfache (singularis) zusezen. a) Darnach berichten zwei Evangelisten, nämlich Matthäus und Marcus, das Gegentheil, nämlich daß alle beide Schächer gelästert hätten. Und diese zwei Zeugen gelten mehr als einer. Darnach kann ihnen der heilige Geist ja keine Unwahrheiten eingegeben haben. Ueberdieß haben die Evangelisten schon vor sich selbst die sicherste Nachricht von diesem Umstand haben können. Aber, warum hat der Evangelist Lucas nichts von dieser Lästerung gedacht? Dieser Evangelist hat nur allein seine Bekehrung erzählet. Die andern Evangelisten gedenken nichts davon. Vielleicht hat er um seiner Bekehrung willen, der vorhergegangenen Lästerung nicht gedacht?

(Marginalie: Ob der bekehrte Schächer vor seiner Bekehrung den Heiland auch gelästert habe?)

§. 8.

Nun kommen wir näher zur Sache und fragen: Was denn der Schächer mit dem Gebeth, HErr gedenke an mich, wenn du in dein Reich kommest, haben wollen? Wir wollen den Bynacus am ersten darüber vernehmen. Dieser erkläret b) das Gebeth des Schächers also:

(Marginalie: Was nach der Meinung einiger Gelehrten das Gebet des Schä-)

Dieß

a) Man beruft sich zwar auf Matth. XXVI. v. 8. Joh. XIV. v. 4. Matth. XXIV. v. 1. und Marc. VIII. v. 1. allwo auch von mehrern geredet werde und doch nur einer verstanden würde. Es ist aber ganz gewiß, daß diese Stellen nicht von einem Jünger, sondern von mehrern können verstanden werden.

b) In seinem gekreuzigten Christo S. 730. §. 10.

„Dieß aber ist wunderlich, daß ihn dieser für einen König <ers zu be-
„erkennet, der nach seinem Tode regieren werde. a) Denn dieß deuten be-
„lauft den Gedanken der Juden zuwider, als welche zu den Zei- be?
„ten, wie auch noch heutiges Tages, einen Meßiam erwarteten, der ein irr-
„disscher König seyn würde, b) welcher Meinung selbst die Apostel gewesen,
„wie wir im 1. Cap. angemerket. Nehmlich es hat GOtt gefallen, daß er
„verstundt, was so vielen unbekandt war, daß der Meßias durch leiden in
„seine Herrlichkeit eingehen müßte. Darum weil er wußte, daß JEsus zum
„Tode verurtheilet war, weil er sich für Christum bekandt hatte, und weil
„er ihn dafür in der That und wahrhafftig erkante, weil sein Herz gerühret
„worden, vielleicht durch die Wunder, c) welche da zugeschehen anfiengen,
„bittet er, daß er seiner wolle eingedenk seyn, wann er in sein Reich, ei-
„gentlich heißts in sein Königreich komme. Daß aber dieses die Gedanken des
„Schächers nicht können gewesen seyn, das wird sich unten zu Tage legen.
„Nun wollen wir vernehmen, was ein ganz neuer Schriftsteller, nämlich der
„berühmte Herr Uahnmacher, hierüber für Glossen machet. Er legt
„dem Schächer diese Worte in den Munde:

„HErr, ob ich gleich wegen meiner Verbrechen, vollkommen un-
„würdig bin, irgend eine Wohlthat von dir zu erhalten; So bitte ich dich
„doch, weil du so sehr barmherzig bist, und sogar für deine Peiniger und
„offenbaren Feinde gebeten hast, laß mich an deinem himmlischen Königs-
„reiche Antheil haben! Gedenke wenn du nun, nach ausgestandener Marter,
„in deine Herrlichkeit eingegangen seyn wirst, meiner in Gnaden, daß du mich
„denn zu dir ziehest, und mich Elenden, der sein Vertrauen allein auf dich
„sezet, zum ewigen Genossen deines Reiches machest! JEsus antwortete ihm:
„Ich bekräftige es dir mit einem Eide, so bald sich nur deine Seele von dem
„Leibe getrennet hat, schon an diesem Tage, wird sie schon in dem Paradiese
„GOttes, in den Wohnungen der Seligen, bey mir seyn, und das Reich,
„welches für die, die mich lieben, von Anbeginn der Welt zubereitet ist, er-
„erben, bis auch dem Leib dieser Freude deines HErrn, theilhaftig gemacht
„werden wird.

Daß aber der Schächer könne keine solche Gedanken gehabt haben, das
wird sich aus folgenden veroffenbaren.

B 2 §. 9.

a) Nicht nach seinem Tode, sondern nach seiner Auferstehung.
b) Eben dieß glaubte der Schächer, wie unten wird dargethan werden.
c) Die Wunder sind erst nach der Bekehrung des Schächers geschehen. Man darf
   nur den Evangelisten Lucas lesen: so wird man es finden.

§. 9

Warum der Schächer mit seinen Gebet nicht auf das Paradieß oder auf den Himmel könne gesehen haben?

Daß der Schächer nicht von einem himmlischen Königreiche, oder von dem Ort rede, wo GOtt wohnet, oder wo sich die Geister der vollendeten Gerechten aufhalten, dieß erhellet daher. Erstlich redet er nicht von einem Orte, an welchem oder in welchem der Heiland im Tode kommen würde. Er redet vielmehr von einem Orte, von welchem er nach dem Tode herkommen würde. Man siehet dieß daher, weil er sagt: $\varepsilon\nu$ $\beta\alpha\sigma\iota\lambda\varepsilon\iota\alpha$, in regno, und nicht $\varepsilon\iota\varsigma$ $\tau\eta\nu$ $\beta\alpha\sigma\iota\lambda\varepsilon\iota\alpha\nu$ oder in regnum. Der Schächer betet eigentlich also: HErr gedenke meiner, wenn du in deinem Reiche kommen wirst. Folglich kann er nicht auf den Zustand der Seelen nach dem Tode gesehen haben. Folglich begehret der Schächer nicht von dem Heiland, daß er ihn in das Paradieß aufnehmen mögte. Dazu hielt er sich auch für unwürdig. Er begehrt nur vom Heiland, er sollte an ihn gedenken, wenn er in seinem Reiche (in regno) kommen würde. Dieß heißet, er sollte sich seiner erinnern, wenn er sein Reich auf Erden anrichten würde. Wendet jemand ein und spricht, das Wort $\varepsilon\nu$ wird gar oft anstatt $\varepsilon\iota\varsigma$ gesetzet: so gebe ich es zu. Aber hier kann das Wort $\varepsilon\nu$ nicht soviel als $\varepsilon\iota\varsigma$ bedeuten. Es wird sich dieß aus folgenden zu Tage legen. Die Juden wußten zweitens nichts von dem Reiche des Meßias im Himmel. a) Sie glaubten auch noch keines. Sie glaubten, das Reich des Meßies werde auf Erden angerichtet; wie aus Apostelgesch. cap. 1. v. 6. ganz deutlich erhellet. Sie glauben dieß noch. Weiters und drittens nennten die Juden den Zustand der Seelen nach dem Tode nicht ein Königreich. Ein Paradieß aber nennten sie ihn. Viertens veroffenbaret sich auch aus der Antwort des Heilandes: du wirst mit mir im Paradiese seyn, daß er nicht auf diesen Ort gesehen habe. Denn warum sagt der Heiland nicht: du solt heut mit mir in meinem Reiche seyn. Hat denn der Heiland im Himmel kein Reich? Was bedeutet sein Sitzen zu: Rechten des Vaters? Was bedeuten seine Worte: mir ist gegeben alle Gewalt im Himmel und auf Erden? Ist etwan das Paradieß und

---

a) Isaac Watts glebet in der also betittelten zukünftigen Welt und in dem vorangeschickten Beweiß von dem Zustand der abgeschiedenen Seelen N. 4. S. 33. vor, der Schächer verstünde unter dem Paradieß, das Reich Christi, in welches Christus nun eingehen werde, wenn er würde aus dieser Welt scheiden. Es ist aber dieß gefehlet. Der Zustand der Seele nach dem Tode hieß bei den Juden nie ein Reich. Er führet S. 36 selbst an, daß die Juden von ihren verstorbenen Freunden den Wunsch thun: Seine Seele werde gesammlet zum Garten Eden.

und das himmlische Reich des Heilandes von einander unterschieden? Ist etwan das Paradieß ein dritter Ort? Oder ist vielleicht die Sele des Heilandes und des Schächers nicht gleich in den Himmel gekommen? Es veroffenbaret sich hieraus allzudeutlich, daß der Schächer von einem andern Orte und der Heiland wieder von einem andern Orte rede? Fünftens wird sich aus folgenden zu Tage legen, daß der Schächer nicht an das Reich der Herrlichkeit gedacht habe. Er bittet den Heiland, er sollte an ihn gedenken, wenn er in sein Reich komme; denn er sollte ihn auch zu sich nehmen. Hat denn der Schächer gewußt, daß der Heiland ehender sterben, und daß er ehender in sein Reich kommen würde, als er? Dieß hat der Schächer ohnmöglich wissen können. Folglich hat er auch den Heiland nicht, bitten können, er mögte in diesem Ort an ihn gedenken, oder er mögte ihn zu sich nehmen. Folglich muß er auf einen ganz andern Ort, auf eine andere Zeit und auch auf andere Umstände gesehen haben. Wer alle diese Umstände bedenket, der wird überzeuget werden, daß der Schächer nicht auf das Reich im Himmel gesehen habe. Auf was für ein Reich sahe er denn? Und was wollte er mit seiner Bitte haben?

§. 10.

Wenn wir wol verstehen wollen, was der Schächer mit seinem Gebet von dem Heiland verlanget habe: so müssen wir folgende Umstände aus der Theologie der Juden bemerken. Denn dieses Gebet gründet sich darauf. Die Juden stellten sich zwo Welten vor, nämlich die gegenwärtige und die zukünftige Welt; welche von ihnen auch das Reich Gottes und das Himmelreich genennet wurde. a) Sie glaubten, daß wenn der Meßias käme: so würden erstlich die Toden auferstehen, und es würden 1) nicht alle Toden, sondern nur die Gerechten auferstehen. Es würden sodann 2) einige Sünden, die auf Erden nicht vergeben worden oder haben nicht vergeben werden können, von dem Meßias vergeben werden, alsdenn aber würde 3) auf Erden sein Reich den Anfang nehmen. Und dieß nenneten sie die zukünftige Welt. Diese Meinungen der Juden wollen wir ietzt beweisen.

Was die Juden von dem Meßias und von seiner Zukunft halten?

B 3 §. 11.

a) Deswegen redet unser Heiland so oft von dem Reiche Gottes. Er meynet damit sein Reich. So redet er Marc. 1. v. 15. Die Zeit ist erfüllet und das Reich Gottes ist herbey gekommen. Darum fragten ihn Luc. XVII. v. 20. die Pharisäer: Wenn kommt das Reich Gottes? Man sehe auch Matth. XIII. v. 28. 29.

§. II.

Die Juden glaubten, daß wenn der Meßias kommen würde: so würden die Toden auferstehen. Und es war eine gemeine und unter den Juden bekannte Tradition, daß die Auferstehung der Toden ein Kennzeichen der Zeiten oder der Ankunft
und der Gegenwart des Meßias seyn würde. Also lesen wir in
dem TALMUD. HIEROS. *Tractatu Chetubboth fol.* 35. a)
jussit R. Ieremia: quum me sepelietis, induite pedibus meis calce-
os & baculum date in manum meam, meque in latus unum repo-
nite, ut, *cum aduenerit Messias,* sim expeditus. Wer mehrere Zeugnisse
lesen will, der darf nur Eisenmengers entdecktes Judenthum 2ten
Theil aufsuchen: so wird er daselbst S. 894. u. f. mehrere finden.

Marginal note: Die Ju-
den glaub-
ten zu Zeiten
des Meßias
würden die
Toden auf-
erstehen.

§. 12.

In eben dieser Meinung sind die Glaubigen gestanden,
welche zu Zeiten Christi gelebet haben. Am ersten berufe ich
mich auf die Antwort, welche der Heiland dem Johannes dem
Tauser gegeben, als er fragen lassen: ob er der Meßias
seye? b) Unter andern giebt er ihm zur Antwort: Die Toden stehen auf.
Es war dieß im alten Testament nicht ausdrücklich geweisaget. Man findet in allen Propheten nichts davon. Aber, warum beruft sich der Heiland
auf die Auferstehung der Toden? Weil es eine gemeine Tradition unter den
Juden war, daß der Meßias die Toden aufwecken, und daß man ihn daran
würde erkennen. c) Diese Tradition müste dem Johannes auch bekannt
seyn. Darum beruft sich der Heiland darauf, damit er ihn in seinem Glauben

Marginal note: Wird auch
aus der hei-
ligen Schrift
bewiesen.

a) Wie der berühmte Herr D. Chrysander in der vortreflichen Schrift: die Auferstehung Christi als eine Grundveste der ganzen christlichen Religion betitelt,
S. 25. in der Anmerkung anführet.

b) Eigentlich fragte er: Bist du der da kommen soll? Er fragt nicht mit deutlichen
Worten: ob er der Meßias wäre? Und dieß war Gottes Schickung. Der Heiland
antwortete auch nicht mit deutlichen Worten, daß er der Meßias seye. Dieß hat
er sorgfältig vermieden; damit er zu keiner Rebellion Anlaß geben und damit man
ihn keines Verbrechens mit Recht beschuldigen mögte.

c) Sie glaubten auch dieß, daß die Juden in dem gelobten Lande bey der Ankunft des
Meßias am ersten auferstehen würden. Deswegen befahl der alte Jakob, daß
seine Söhne seine Gebeine mit aus Egypten nehmen sollten. Deswegen geben noch
viele alte Juden bis auf den heutigen Tag, soviel nur immer können, in das jüdische Land, wenn sie alt sind, damit sie daselbst sterben und begraben werden; aber
auch bei Ankunft des Meßias desto ehender auferstehen können.

ben stärken mögte. a) Eben deswegen saget der Heiland Joh. V. v. 25. Es kommt die Stunde und ist schon izt, daß die Toden die Stimme des Sohnes GOttes hören. Der Heiland beruft sich nicht ohne Ursache auf die Auferstehung der Toden. Denn daran wollten die Juden den Meßias erkennen. b)

§. 13.

Vielleicht irre ich nicht, wenn ich den alten Simeon zum Be- Wird noch
weiß anführe. Dieser Mann sehnete sich nach der Ankunft des mehr bewie-
Meßias. Er bat auch GOtt, daß er ihn mögte so lange leben sen.
lassen, bis der Meßias gekommen wäre. Er hatte auch von GOtt die Versicherung bekommen, daß er sollte nicht ehender sterben, als bis er den Meßias im Fleisch gesehen hätte. Er erlebte dieß Glück. Er sahe ihn in dem
Tempel, als ein Kind von 6 Wochen. So bald er ihn sahe, so bald be-
gehrte er nicht mehr zu leben, und es ist höchst wahrscheinlich, daß er gleich
nach seiner Nachhaußkunft seinen Geist aufgegeben hat. Aber warum starb
denn dieser Mann sogern? Er hatte keine andere Meinung von dem Meßias, als alle andre Juden hatten. Er dachte, der Meßias ist izt ein klei-
nes Kind. Er kann seine Königl. Regierung nicht ehender antretten,
bis er erwachsen, oder bis er groß ist. Inzwischen will ich mich schlafen legen. Wenn der Meßias wird sein Reich auf Erden anfangen: so wird er
mich schon von den Toden auferwecken. Keine andere Gedanken als diese
kann der Simeon gehabt haben. Da unten auf eine überzeugende Weise wird
dargethan werden, daß alle Gläubigen in der Meinung gestanden sind, daß
der Meßias würde ein Reich aufrichten, und daß er die Toden deswegen auferwecken werde: so wird man daran nicht zweifeln, daß der alte Simeon eben
diese Gedanken gehabt, welche ich oben vorgetragen habe. Denn was sollte
der alte Simeon sich für einen Nuzen vorgestellet haben, daß er den Meßias
gese-

a) Deswegen schreibet der RABBI LEVI BEN GERSON in dem Commentario
  fol. 245. Col. 2. bei dem Eisenmenger S. 899. Wir finden auch, daß der Elias
  und der Elisa Toden, auferwecket haben und halte ib davor, daß solches
  Wunderwerk zu selbigen Zeiten werde verrichtet werden — — Alsdenn
  wird er sie solches wunderbare Wunderwerk durch den König Meßias sehen lassen.

b) Wendet jemand ein und spricht, daß diese Worte von der geistlichen Auferstehung handeln: so antworte ich, die Juden wußten nichts von der geistlichen Auferstehung. Sie konnten sie also nicht anders als auf eine leibliche Auferstehung
  deuten.

gesehen hätte? a) Keinen andern, als den alle damalige Juden, ja selbst die Jünger des Heilandes, sich vorstelleten. b)

§. 14.

a) Dasjenige, was sich hier mit dem Kindlein JEsu und mit dem alten Simeon im Tempel zu Jerusalem zugetragen hat, das muß in größter Stille oder im größten Geheim geschehen seyn. Denn wären mehrere Personen gegenwärtig gewesen: so würde dieß in Jerusalem bekant geworden seyn. Es würde hierüber der größte Auflauf entstanden und der Heiland in die gröste Lebensgefahr gerathen seyn. Der König Herodes würde ihm haben das Leben nehmen lassen; so wie er die ganze Famalie des Königs David, so viel Personen ihm bekannt wurden, hat ausrotten lassen. Der Hohepriester und die Schriftgelehrten würden sich des Heilandes angenommen haben. Darüber würde das gröste Blutvergiessen entstanden seyn. Dieß hat aber der Heiland bei aller Gelegenheit verhütet; weil er nicht gekommen war, die Seelen zu verderben, sondern sie zu erhalten. Es muß also von dem, was mit dem Simeon im Tempel vorgegangen, in Jerusalem nichts bekannt geworden seyn. Simeon hat auch wohl diese Begebenheit geheim gehalten. Allen Ansehen nach ist er so bald er von dem Tempel nach Hause gekommen, in dem Augenblick gestorben; wie oben ist erinnert worden. Ich erinnere noch, daß die Maria der lezte Zweig aus dem Königlichen Stamm Davids gewesen ist. Aber sie muß nach Galiläa kommen. Sie muß im jüdischen Lande ganz unbekant bleiben; damit sie vor dem Herodes sicher ist.

b) Auch die Maria konnte sich von ihrem Sohne keine andere Vorstellung machen. Denn wie sollte sie die Worte des Engels Luc. I. v. 32. GOtt wird ihm den Stuhl seines Vaters David geben, anders verstehen, als von einem irrdischen Reiche. Der Stuhl Davids, oder wie es eigentlich heisset, der Thron Davids bedeutet hier die Königliche Würde Davids. Diese soll der Meßias überkommen, sagt der Engel. Nothwendig mußte dieß die Maria auf ein irrdisches Reich deuten. Die Weisheit GOttes litte es nicht, der Maria sagen zu lassen, daß der Meßias solte durch Leiden und durch Sterben ein geistliches und ein himmlisches Reich aufrichten. Die Maria giebet dieß weiters v. 51. und 52 mit den Worten zu verstehen, er zerstreuet die Hoffärtigen — er stößet die Gewaltigen vom Stuhl — Die Maria siehet mit den Worten auf den König Herodes und auf seine Familie. Diese sollte durch den Meßias dethronisiret werden. Sie sahe diese Sache schon als wirklich geschehen an. Darum saget sie: sie sind schon vom Thron gestossen, wie es in der Grundsprache heisset. Eben dieß will Zacharias in den folgenden v. 74. sagen wenn er von einer Erlösung aus den Händen ihrer Feinde redet. Wer sind die Feinde anders, als die Römer und Herodes? Davon sollten sie erlöset werden, und es ist ganz begreiflich, daß Zacharias nur von einer leiblichen Erlösung rede. Kurz alle Juden, vom kleinsten bis zum grösten, gelehrte und ungelehrte, stunden in den Gedanken, der Meßias werde ein irrdisches Reich anfangen. Daher kam es den Juden Joh. XII. v. 33. 34. bedenklich vor, daß der Heiland sagte: wenn ich erhöhet werde von der Erde; so will ich sie alle zu mir ziehen. — und damit auf seinen Kreuzestod deutete. Denn sie sagten: Wir haben gehöret aus

§. 14.

Welters haben die Juden geglaubet, daß nicht alle Toden auferstehen, daß nur die Gerechten auferstehen, daß diese an der neuen Welt nur Theil haben werden, und daß die Ungerechten ewig im Staube liegen bleiben. Wir wollen hierüber einige Zeugnisse vernehmen. a) So stehet im Talmud Sanhedr. fol. 2. *Omnes justi, quos resuscitabit Deus a mortuis, non redibunt iterum in pulverem.* Und dabei stehet diese Glosse: *Quos resuscitabit in diebus Messiae.* Noch deutlicher stehet dieß im Targum von Jerusalem über 1 Mos. 25. v. 33. 34. mit den Worten: Also verachtete Esau die Erstgeburt, verschmähete sein Theil in der zukünftigen Welt und leugnete die Auferstehung der Toden. Und Jonathan erkläret dieß so: Siehe ich sterbe und ich werde nicht wieder leben in der zukünftigen Welt; wozu soll mir denn die Erstgeburt und der Theil in der zukünftigen Welt. b) Diese Meinung mag wol Esau nicht gehabt haben. Inzwischen siehet man doch hieraus, daß die Juden geglaubet, es würden nicht alle Toden auferstehen und nicht alle würden am Reiche des Meßias Theil haben. Wir wollen noch ein solch iüdisches Zeugnis anführen. Der Rabbi David Kimchi glossiret bey dem Eisenmenger am angezogenen Orte, S. 912. über die Worte Es. XXVI. v. 19. deine Toden werden leben, also: Unsere Rabbinen gesegneter Gedächtnis haben gesaget, daß die Auferstehung der Toden den Gerechten und nicht den Gottlosen zukomme. Und eben daselbst spricht er: die Selen der Gottlosen vergehen mit ihren Leibern an dem Tage des Todes. Wer mehrere Zeugnüsse lesen will, der findet sie bei dem Eisenmenger S. 910.

aus dem Gise, der Meßias bleibt in Ewigkeit; das heisset, der Meßias stirbet er. Er richtet ein ewiges Reich auf Erden an. Die Jünger des Heilands glaubten ein gleiches. Er hat aber diesen allgemeinen iüdischen Irrthum allemal mit der grösten Sanftmuth widerleget.

a) DASSAV hat im Tractat. *de Resurrectione mortuorum ex mente Iud. Cap. III.* §. 2. hievon schon gehandelt. Dieser Meinung sind auch einige Socinianer. Sie erklären den Ort Aposte:gesch. XXIV. v. 15. allein von der Auferstehung der Gerechten. Denn sie verstehen durch die Gerechten dieienigen, welche in ihrem ganzen Leben heilig gewesen. Durch die ungerechten aber verstehen sie dieienigen, welche am Ende ihres Lebens erst gerecht worden sind.

b) S. IOH. D'OUTREIN Erklärung des Briefs Pauli an die Hebräer im 4ten Theil S. 236.

C

910. u. f. Dieß glauben nun auch unsere heutigen Juden. Deswegen sagen sie in ihren Eid unter andern auch dieses: Wenn ich falsch schwöhre — — so soll ich ewig in der Hölle seyn, brennen, und nicht bei der Auferstehung der Toden auferstehen. — . Nun fraget es sich: was sie auf diese Meinung gebracht habe? Dieses, weil den Gerechten die Auferstehung so oft verheissen wird, und weil im Gegentheil den Gottlosen die Strafe der Ausrottung so oft gedrohet wird. Dieß geschiehet vornämlich Psalm LXXXXII. v. 8. Daselbst stehet, daß die Gottlosen sollten immer und ewiglich vertilget werden. Die Juden nahmen diese Drohung im eigentlichen und buchstäblichen Verstande. Und was heisset hier vertilget werden? Vertilget wird eine Sache, wenn sie ihren Wesen nach aufhöret das jenige zu seyn, was sie gewesen ist. Daraus schliessen die jüdischen Lehrer, daß die Leiber der Gottlosen müßten auf ewig vertilget werden, und daß auch ihre Seelen müßten in der Luft zerstäubern und nach dem Tode nicht mehr seyn. Dieß erklären sie also von einer gänzlichen Zernichtung des Leibes und der Seelen. Wir dürfen uns hierüber nicht verwundern, wenn wir bedenken, daß selbst die Apostel dieser Meinung gewesen sind. Man darf nur die Predigt des Apostels Petri in der Apostelgeschichte Cap. III. v. 23. lesen: so wird man daselbst mit deutlichen Worten finden, daß wer den Messias nicht hören würde, der sollte aus dem Volk vertilget werden. a) Und hat nicht auch unser Heiland bisweilen auf diese jüdische Meinung gezielet? Ja. Man lese nur seine Worte Luc. XIV. v 12. Wenn du eine Mittagsmahlzeit oder Abendmal machest: so lade nicht deine Freunde, noch deine Brüder, noch deine Gefreunde, noch deine Nachbarn, die reich sind; auf daß sie dich nicht wieder laden und dir vergelten werde. Sondern, wenn du ein Mahl machest: so lade die Armen, die Krüppel, die Lahmen, die Blinden. So bist du selig; denn diese habens dir nicht zu vergelten. Es wird dir aber vergolten werden in der Auferstehung der Gerechten Hier redet der Heiland nur von einer Auferstehung der Gerechten. Warum redet er nicht überhaupt von der Auferstehung? Warum saget er nicht, es wird dir in der Auferstehung der Toden vergolten werden? Noch deutlicher findet man dieß Luc. XX. v. 35. in den Worten: welche würdig seyn werden jene Welt zu erlangen und die Auferstehung von den Toden, die werden weder freien, noch sich freien lassen — dieweil sie sind Kinder der Auferstehung.

Was

a) Andere Juden glaubten, daß zwar auch die Gottlosen auferstehen würden, aber erst alsdenn, wenn sie eine Zeitlang in der Hölle abgestraft und geläutert worden sind.

Was ist iene Welt? Die neue Welt oder das Reich des Meßias auf Erden. Nicht alle Menschen sind dieses Reichs würdig. Auch nicht alle sind
würdig der Auferstehung. Nur diejenigen, welche Kinder der Auferstehung
sind. Niemand darf sich wundern, wenn der Heiland hier mit einem Juden
iüdisch geredet hat. Eben darauf zielet der Heiland, wenn er Joh. III. v.
16. von denen, die an ihn glauben saget, sie sollen nicht verlohren gehen,
und daß folglich diejenigen, welche nicht glauben, sollten verlohren gehen.
Was aber verlohren gehet, das kommet nimmermehr zum Vorschein. In
eben solchen Sinn mag der Heiland Joh. VI. v. 40. reden. Er spricht daselbst also: Das ist der Wille des der mich gesandt hat, daß, wer den Sohn
siehet und glaubet an ihn, habe das ewige Leben und ich werde ihn auferwecken am iüngsten Tage. Der Heiland redet hier allein von der Auferstehung der Gerechten. Weckt der Heiland nur die Gerechten auf oder nur
diejenigen, welche an ihn glauben: so sind die Ungerechten oder die ihn nicht
für den Meßias erkennen, davon ausgeschlossen. So haben sie an dem Reiche des Meßias keinen Theil. Der Heiland redet hier aber nach der Vorstellung der Juden. Er redet hier aber deswegen also, um sie desto ehender zum Glauben an ihn zu bewegen.

§. 15.

Weiters glaubten die Juden, daß bei der Ankunft des Meßias die gegenwärtige Welt würde verändert und in eine ganz
neue verwandelt werden. Dieß nennten sie die zukünftige
Welt. a) Ehe dieses aus den Rabbinen bewiesen wird, wollen
wir zuvor in das neue Testament sehen. Der Heiland zielet in
seinen Reden gar oft darauf. Am ersten berufe ich mich auf
Matth. XIX. v. 27. 28. 19. Hier fragt der Apostel Petrus
den Heiland: Wir haben alles verlassen, und sind dir nachgefolget, was
wird uns dafür? Hierauf gab ihnen JEsus zur Antwort: Warlich ich sage
euch, daß ihr, die ihr mir seid nachgefolget, in der Wiedergeburt, da des
Menschen Sohn wird sitzen auf dem Stuhle seiner Herrlichkeit, werdet ihr
auch sitzen auf zwölf Stühlen, und richten die zwölf Geschlechte Israel.
Und wer verlässet Häusser oder Brüder, oder Schwestern, oder Vater oder
Mutter oder Weib oder Kinder oder Aecker um meines Namens willen, der

Die Juden
glaubten,
daß bei der
Ankunft des
Meßias die
Erde würde
verneuert
werden.

E 2

wird

a) Darum beten die Juden für einen Kranken und Sterbenden bis auf den heutigen
Tage noch also: Laß ihn sein Theil im Paradieß und auch in der zukünftigen
Welt haben.

wird es hundertfältig nehmen und das ewige Leben ererben. Es sind dieß
schwere Worte, welche den Auslegern viel zu schaffen gemachet haben. Dieß
hat vornämlich das Wort Wiedergeburt, παλιγγενεσια, verursachet. Bald
ziehet man dieß Wort zu den vorhergehenden Worten des Heilandes; bald
aber zu den nachfolgenden. Wenn man diese Stelle wohl verstehen will: so
muß man am ersten untersuchen: Was das Wort Wiedergeburt hier bedeuten solle? Was bedeutet es denn? Diese irren gewiß, welche es von einer bloß geistlichen Wiedergeburt verstehen. Es gehet auch auf eine leibliche Wiedergeburt und diese vornämlich. Denn so und nicht anders konnten es die Jünger verstehen. Der Syrische Uebersezer des neuen Testamentes saget uns, was dieß Wort zu bedeuten habe. Er übersezet dieß Wort
in Sæculo novo. a) Also bedeutet die παλιγγενεσια soviel als die neue
Welt. Der Heiland redet hier nach dem Begriff, welche seine Jünger,
wie alle Juden hatten. Er redet mit seinen Jüngern, die Juden waren,
jüdisch. Sie glaubten, daß der Meßias eine neue Welt schaffen, oder daß
er diese alte Welt reinigen, und eine neue daraus machen würde. Man
darf sich nicht wundern, daß die Juden auf diese Gedanken gerathen sind.
Die Propheten stellen la die Zeit und die Zukunft des Meßias als eine neue
Welt vor. Die Stellen Esai. LXV. v. 17. Cap. LXVI. v. 22. musten sie
nothwendig darauf führen. Ich glaube, daß sie sich auch nicht werden geirret haben; ob sie sich gleich in der Zeit geirret haben. Der Heiland wieder-
holet dieß nach seiner Himmelfarth, Offenb. Joh. XXI. v. 3. 4. 5. mit
den Worten: Siehe da, eine Hütte GOttes bei den Menschen und er wird
bei ihnen wohnen, und sie werden sein Volk seyn, und er selbst GOtt mit
ihnen wird ihr GOtt seyn. Und GOtt wird abwischen alle Thränen von ihren Augen, und der Tod wird nicht mehr seyn, noch Leid noch Geschrey, noch
Schmerzen wird mehr seyn: denn das erste ist vergangen. Und der auf
dem Stuhl saß, sprach: Siehe, ich mache alles neu. Was heisset nun
das: Siehe ich mache alles neu? Heisset es nicht soviel: ich mache aus der
alten Welt eine neue? Heisset es nicht soviel: wenn die alte Welt wird zu
einen grosen Aschenhaufen verbrennet seyn: so werde ich eine neue schaffen.
Denn in ein nichts kann die gegenwärtige Welt nicht verwandelt werden. Und
kurz zu sagen: der Meßias wird das Paradieß wieder herstellen. Es ist
also kein Wunder, wenn der Apostel Petrus 2. Petr. III. v. 3. 7. schreibet:

wie

a) Man sehe des berühmten Herrn Boysens kritische Erläuterungen des Grund-
texter der heiligen Schriften neues Testamentes aus der Syrischen Ueberse-
zung im ersten Stück, S. 14.

wir warten einen neuen Himmel und eine neue Erde ꝛc.   Denn er hatte die
Verſicherung hierüber ſelbſt aus dem Munde JEſu bekommen.   Der neue
Himmel, auf den Paullus und die damaligen Glaubigen warteten, kann
nicht der Himmel ſeyn, wo GOtt wohnet.   Dieſer iſt ja uralt.   Er muß
nothwendig den Sternen-Himmel meinen.   Dieſer muß neu oder verändert
werden.   Das ganze Firmament des Himmels mus verändert werden.   Denn
da auf der neuen Welt keine Nacht mehr ſeyn ſoll: ſo darf alsdenn die
Sonne nicht mehr untergehen. — — — Eben deswegen redet auch Paul-
lus von einer zukünftigen Welt Eph. I. v. 21. Ebr. II. v. 5. Cap.
VI. v. 5.   Eben deswegen ſaget jener Rabbi bei dem Eiſenmenger im
2ten Theil S. 369.   Der heilige gebenedeyete GOtt wird nach
den Tagen des Meßiä ſeine Welt erneuren, und wird auch der
Ort der Hölle gereiniget und geheiliget, und mit allen gottloſen
Iſraelitiſchen Sündern, welche in derſelben ſeynd, die auf des
Jonathans des Sehns Uſiels *Kaddiſch* das Amen ſprechen, zu den
Gränzen des Paradieſes gezogen werden, nachdem man von
den Leviathan, und dem wilden Ochſen wird gegeſſen haben;
und werden dieſelbige würdig ſeyn von Kraft zu Kraft zu geben,
und werden GOtt in Zion ſehen, und zu den Hauſen der Gerechten gezählet werden.   So werden auch einige von den frommen
Völkern der Welt, welche ſich zu den Zeiten des Meßiä betrüben
werden, daß ſie dem gebenedeyeten GOtt vor der Zukunft des
Meßiä nicht gedienet haben, und wegen ihrer Sünden Reue haben werden, dieſer groſen Gnade würdig ſein. ꝛc.   Dieß glauben
auch nun unſere heutigen Juden von ganzen Herzen.   Darum ſtehet in dem
Eid, welchen ſie vor den Gerichten ablegen müſſen unter andern auch dieſes:
meine zuhoffende Portion in der zukünftigen Welt ſoll verlohren
ſeyn. a)   Eben deswegen heiſſen die Tage des Meßias in den Schriften
der Juden ſehr oft Tage der Wiedergeburt und der Erneurung und
Tage der Verwüſtung dieſer Welt oder alten Beſchaffenheit. b)   Daß
aber der Heiland mit der παλιγγενεσια auf die künftige neue Welt geſehen
habe, das erhellet aus Luc. XVIII. v. 28. 29. 30.   Da antwortete der
Heiland auf die Frage: Wir haben alles verlaſſen — was wird uns dafür — Warlich ich ſage euch, es iſt niemand, der ſein Hauß verläſſet —

C 3   um

a) Siehe Böhmers *Ius Eccleſ. Proteſt. Tom. I. p. 1470.*

b) Siehe des vortreflichen Chryſanders Erbauungsſtunden auf die hohen Feſte
im erſten Theil S. 86, in der Anmerkung.

um des Reichs GOttes willen (um des Meßias willen) der es nicht vielfäl-
tig wieder empfahe in dieser Zeit und in der zukünftigen Welt das ewige
Leben — Also müssen die Worte des Heilandes so gegeben werden: Die
ihr mir nachgefolget seid, werdet in der neuen Welt, wenn des Menschen
Sohn auf den Thron seiner Herrlichkeit sizen wird, alsdenn auch mit sizen.
2) Eben dieß will der Heiland mit den Worten: mein Reich ist nicht
von dieser Welt, sagen. Joh. XVIII. v. 36. Stillschweigend bekennet
er hiermit, daß sein Reich in der künftigen Welt angerichtet werde. Dieß
kann man aus den folgenden Worten: iezt ist mein Reich nicht von
hier oder es ist nicht auf der iezigen Welt, deutlich abnehmen. Also
muß noch eine Zeit kommen, wo das Reich des Heilandes auf Erden angerichtet wird. Der Heiland hatte seine Ursachen, es dem Pilatus nicht deutlich zu sagen — Und wenn diese Welt völlig vergehen sollte; wenn der Heiland kein Reich auf Erden anfangen würde: wie könnte denn Paulus
Ebr. II. v. 5. sagen, daß dem Heiland die künftige Welt sollte unter-
worffen werden, oder daß er auf derselben König seyn würde. Der dritte
Himmel kann ohnmöglich die zukünftige Welt (οικουμενη μελλουσα) seyn.
Folglich muß der Heiland nothwendig aus der alten Welt eine neue machen
und alsdenn auf selbiger ein Reich anrichten. Sollte wohl der Schächer
nicht auch solche Gedanken gehabt haben? Sollte er nicht auch geglaubet haben, der Meßias werde diese Welt verneuren, und sein Reich auf selbiger
anrichten? Ganz gewiß hat er es geglaubet. Darauf zielet nun seine
Bitte.

§. 16.

b) Die Worte des Heilandes müssen in einem doppelten Verstand genommen werden.
Anders musten sie seine Jünger verstehen und wieder anders verstunde sie der Heiland. Die Jünger hielten ihn für den Meßias. Also glaubten sie auch die neue
Welt, oder daß sie der Heiland gleich anfangen oder schaffen würde. Der Heiland
ließ ihnen diese Meinung. Er hatte aber bei jenen Worten andere Gedanken. Er
wollte damit so viel sagen: ihr, die ihr mir iezt nachgefolget seid, werdet in der
künftigen neuen Welt — Noch ist zu bemerken, daß Wilhelm Ernst Ewald
in den vierzehn Betrachtungen von den Vorboten der Ewigkeit, S. 253. in
der Anmerkung jene Worte des Heilandes umständlich erläutert hat; aber nicht
auf die Weise, wie hier geschehen ist. Auch hat sie Johann Baptista Silvester
in den lezten Begebenheiten der Welt p. 199. u. f. in etwas erläutert. So findet man auch in Pertschens Kirchenhistorie im ersten Theil S. 646. hierüber gute Anmerkungen.

§. 16.

Eben deswegen verbindet der Heiland die Zerstöhrung der Stadt Jerusalem und das Ende der Welt oder ihre Verneurung mit einander. So redet er Matth. XXIV. v. 1 ‒ 28 von dem Untergang der Stadt Jerusalem und v. 29. redet er vom Untergang der Welt. Bald nachderselben Trübsal. — — Eben dieß bezeuget der Evangelist Marcus XIII. Daselbst wird bis zu den 23. Vers vom Untergang der Welt geredet; mit dem 14 Vers aber vom Ende der Welt. Aber zu der Zeit, nach diesem Trübsal werden Sonne und Mond ihren Schein verlieren. Eben dieß geschiehet bei dem Evangel. Lucas Cap. XXI. Daselbst wird bis auf vers 24. von der Zerstöhrung der Stadt Jerusalem und vom 25 Vers an von dem Untergang der Welt geredet. Beide verbindet der Heiland mit einander. Die leztere würde bald auf die erste folgen. Also stellet er das Ende der Welt als nähe vor. a) Wir dürfen uns hierüber nicht wundern. Der Heiland redet auf Jüdische Weise. Es redet hier aber nicht ein bloßer Mensch: Es redet hier auch ein GOtt, bei dem tausend Jahre wie ein Tag sind. Folglich war das Ende der Welt schon damals nahe. Wie nahe wird es aber inzwischen gekommen seyn? Sehr nahe —

Wird aus dem neuen Testamente noch mehr erläutert.

§. 17.

Hiebei wollen wir nochmals an Johannes den Taufer gedenken. Dieser kann auch keine andere Gedanken haben. Dieß leget er durch die Frage: Bist du, der da kommen soll? deutlich zu Tage. Voraus seze ich, daß Johannes nicht um seiner Jünger, sondern um seinet willen diese Frage thun laßen. Man kann dieß deutlich aus der Antwort des Heilandes abnehmen: Gehet hin und saget Johannes wieder. Dem Johannes sollten sie es wieder sagen. Dieß wäre nicht nöthig gewesen, wenn Johannes hätte um seiner Jünger willen fragen laßen. Der Heiland, der Herzenskündiger hat wol gewußt, aus was für Ursachen Johannes seine Jünger an ihn gesendet hat. Er würde sonst mit den abgeordneten ganz anders geredet haben. Also hat Johannes eigentlich fragen laßen: Bist du, der da kommen soll? b) Und was will denn Johannes damit fragen?

Wird auch daraus bewiesen, weil Johannes den Heiland fragen laßen: ob er der Meßias seye?

a) Eben diesen Sinn mag der Heiland Joh. XXI. v. 22. gehabt haben, wenn er daselbst saget: so ich will, daß er bleibe, bis daß ich komme —
b) Gott fügte es, daß Johannes nicht mit deutlichen Worten gefraget hat: Bist du der Meßias? Und der Heiland antwortete auch nach seiner großen Weisheit nicht mit deutlichen Worten.

gen? So viel: Bist du der verheiſſene Meßias? Biſt du es, warum fängſt
du dein Reich nicht an? Warum läſſeſt du deinen Diener, deinen Vorboten,
der dir den Wege bereitet hat, im Gefängniß? Es iſt wahr, Johannes hat
den Meßias ſchon im Mutterleibe gekennet. Er hat ihn nachgehends auch
von Perſon gekennet. Aber, er hat ihn weiter nicht gekennet, als ihn an
dere Gläubige zu ſelbiger Zeit, und wie ihn die Apoſtel, gekennet haben, näm
lich daß er auf Erden ein Reich aufrichten würde. Dieß haben ia die Jün
ger des Heilandes nach ſeiner Himmelfarth und da ſie ſchon den heiligen
Geiſte empfangen hatten, noch geglaubet. Man ſagt zwar, Johannes
hätte angefangen zu zweiflen: ob Jeſus der wahre Meßias ſeye? Aber hät
te, nach der gemeinen Meinung, Johannes angefangen hieran zu zweiflen: ſo
würde der Heiland von ſeiner Standhaftigkeit keine ſo groſe Lobserhebung
gemachet haben. Ja, wenn Johannes um ſeiner Jünger willen und nicht
um ſeinet willen iene Frage an den Heiland thun laſſen: ſo hätte der Hei
land nicht nöthig gehabt von der Standhaftigkeit des Johannes zu reden.
Die Worte: ſelig iſt, der ſich nicht an mir ärgert, dieſe bezeugen dieß
allzudeutlich. Was wollen ſie ſagen? So viel. Selig iſt, der ſich nicht an
meiner armen Geſtalt ärgert. Selig iſt, der ſich nicht daran ſtöſſet, daß die
neue Welt ſich noch nicht anfängt, daß ich noch kein irrdiſches Reich ange
fangen habe. Nun iſt freilich wahr, daß Johannes der Taufer von unſern
Heiland das Bekentniß abgeleget hat: Siehe, das iſt GOttes Lamm, das
der Welt Sünde trägt. Aber, ich zweifle daran: ob Johannes der Taufer
gewußt habe, auf was Art und Weiſe er ſie tragen werde; ob er ſie näm
lich ſo tragen würde, wie er ſie nachgehends getragen hat. So wenig dieß
die Jünger des Heilandes gewußt haben, und es glauben wollen, als es ih
nen der Heiland ſagte.

§. 18.

Die Wor-
te Jeſu: mir
iſt gegeben
alle Gewalt
ꝛc. werden
erläutert.

Eben dieſes läſſet ſich aus den Worten JEſu ſchlieſen:
Mir iſt gegeben alle Gewalt im Himmel und auf der
Erden — ✝ Siehe ich bin bei euch alle Tage bis an
der Welt Ende. Matth. XXVIII. v. 18. 19. Was will
der Heiland mit den Worten ſagen: Mir iſt gegeben alle Ge
walt im Himmel und auf Erden? Soviel will er ſagen: Ich
bin der Meßias. Ich bin der Herr Himmels und der Erden. Mir iſt ge
geben die Gewalt im Himmel, in den ich nun fahre. Mir iſt aber auch
gegeben alle Gewalt auf Erden. Ich werde ein Reich auf Erden aurichten.
Dazu ſezet der Heiland dieſe merkwürdige Worte: Siehe, ich bin bei

euch

euch alle Tage bis an der Welt Ende. a) Es ist leicht zu verstehen, daß diese Worte des Heilandes, Worte des Trostes seyn sollen. Es ist ferner leicht zu begreifen, daß diese Worte die Apostel und die Jünger des Herrn besonders angehen. Der Heiland will sie damit wegen seines Abschieds trösten. Denn giengen diese Worte auf das eigentliche Ende der Welt, was für Trost sollten sie den Jüngern geben? Sie lebten ja nicht biß an das Ende der gegenwärtigen Welt. Man muß diese Worte ganz anders verstehen. Der Heiland redet nach der Vorstellung der Jünger. Sie glaubten das Ende der Welt seye nicht weit entfernet. Der Heiland versichert sie also biß dieß käme, wäre er doch auf eine unsichtbare Weise bey ihnen. Sie hätten also nicht Ursache, sich über seinen Abschied zu bekümmern. Dahin gehöret ferner die Antwort, welche der Heiland seinen Jünger gab Apostelg. I. v. 6+9. Sie fragten, als er eben im Begrif war gen Himmel zu fahren: Herr! wirst du in dieser Zeit oder jezt wieder aufrichten das Reich Israels? b) Wirst du jezt nicht dein Reich auf Erden anfangen? fragten sie eigentlich. Der Heiland hat nicht mit ja, und nicht mit nein, darauf geantwortet. Er hat ihnen nicht gesaget, daß sein Reich, daß seine Zukunft und die Auferstehung der Toden noch weit entfernet seye und weswegen nicht? Hätte er ihnen gesaget, diese Zeit ist noch weit entfernet: so würden sie noch mehr niedergeschlagen worden seyn, und so würden sie ihr Amt nicht mit solcher Freudigkeit verrichtet haben. Er giebt ihnen aber doch eine tröstliche Antwort, wenn er hinzu sezet: ihr werdet meine Zeugen seyn bis ans Ende der Erden. Die Jünger sollten Zeugen JEsu bis ans Ende der Welt seyn. Dieß soll ein Wort des Trostes für die Jünger seyn. Aber lebten sie denn bis ans Ende der Welt? c) Und wenn die Jünger
sich

a) Εως της συντελειας του αιωνος, usque ad consummationem saeculi.

b) Der selige Rambach saget in der 23ten Betrachtung über die Geschichte der Auferstehung Jesu S. 691. der Heiland wollte mit diesen Worten das alte Vorurtheil in den Gemüthern seiner Jünger ausrotten, das bei ihnen von weltlichem Reiche so tief eingewurzelt war. Denn diese Erklärung des Heilandes zeigete zur Genüge, daß sein Reich nicht von dieser Welt, sondern geistlich und himmlisch seye — — Aber ich sehe dieß nicht ein.

c) Eigentlich heisset es: wirst du nicht wieder herstellen das Reich dem Israel

d) Εως εσχατου της γης usque ad ultimum terrae. Diese Worte können nicht soviel bedeuten, daß die Jünger auch Zeugen an den Orten seyn sollten, wo die Welt ein Ende hat. Denn so weit kamen sie ja nicht. Also müssen diese Worte in einem andern Verstand genommen werden.

D.

sich das Ende der Welt noch weit entfernet vorgestellet hätten, würden ihnen denn diese Worte des Heilandes einen Trost gegeben haben? Dieß ist
abermals ein deutlicher Beweiß, daß der Heiland seine Jünger in der Meinung gelassen habe, als wenn das Ende der Welt nicht weit mehr entfernet
wäre. Dahin gehöret noch die Botschaft, welche die Engel den Aposteln,
nach geschehener Himmelfarth des Heilandes bringen mußten. Dieser Jesus wird kommen, wie ihr ihn habt in den Himmel gehen sehen,
heisset ihre Botschaft, Apostelgesch. I. v. 11. Die Engel sagen nicht,
ob der Heiland bald oder spät wiederkommen würde. Die Jünger aber schlossen
doch daraus, es müsse bald geschehen; weil mit der Ankunft des Meßias die Toden
auferstehen sollten. Es ist dieß leicht zu begreifen. Denn weswegen brach-
ten die Engel den Aposteln diese Botschaft? Um sie zu trösten. Die Worte: dieser Jesus wird kommen, sollen Trostworte seyn. Aber, was für ein
Trost wäre dieß für die Jünger gewesen, wenn der Heiland erst nach vielen
hundert Jahren wieder kommen sollen? Nothwendig mußten es die Jünger
von einer baldigen Zukunft verstehen. Deswegen predigten sie auch alle,
daß die Auferstehung der Toden und das Ende der Welt nicht weit mehr entfernet wäre. Wir wollen deswegen einige Stellen anziehen.

§. 19.

Wird noch mehr aus den neuen Testamente erläutert. Am ersten berufe ich mich auf die Apostelgeschichte *Cap.
II. v. 17.* da also stehet: es soll geschehen in den lezten Tagen,
spricht der Herr, ich will ausgiessen meinen Geist auf alles Fleisch
rc. Was sind die lezten Tage? Nicht die lezten Tage des alten Testamentes; wie es insgemein erkläret wird. Es sind dieses die lezten Tage der Welt; nämlich nach jüdischer Meinung. a)
Eben deswegen wird v. 19. 20. 21. von Zeichen und Wundern geredet, die am Himmel und auf Erden geschehen sollten, ehe der grose und
herrliche Tag des Herrn kommen würde. Was ist der grose Tag des Herrn
anders, als der Tag, an welchen der Meßias sein Reich auf Erden anfangen wird? Womit *Cap. III. v. 19. 20. 21.* zu vergleichen ist. Dahin gehöret, was wir 1. Cor. I. v. 8. lesen: welcher euch unsträflich bewahren
wird bis an das Ende, auf den Tag des Herrn JEsu Christi.
Was ist das Ende? Und was ist der Tag unsers Herrn JEsu Christi? Das
Ende

---

a) Εν ταις εσχαταις ημεραις in novissimis diebus heisset es. Dadurch werden
die allerlezten Tage in einer Zeit verstanden.

Ende ist nicht das Ende des Lebens oder der Tag des Todes. Dieß ist das Ende der Welt; wie man handgreiflich abnehmen kann. Der Tag des Herrn JEsu aber ist derjenige Tag, an welchen er vom Himmel kommen und sein Reich auf Erden anfangen wird. Sollten nun die Corinther bis ans Ende der Welt unsträflich bleiben: so muste, nach der Meinung des Apostels, das Ende der Welt und die Ankunft des Heilandes in diese Welt nicht weit mehr entfernet gewesen seyn. Denn dieser Brief gieng ja die Corinther am genauesten an. Ja, was noch mehr ist: so redet der Apostel Cap. X. v. 11. a) schon von dem gegenwärtigen Ende der Welt. Cap. XI. v. 26. sagt er: Sie sollen des Herrn Tod verkündigen, biß daß er kommt. Diese Worte gehen die damaligen Christen insonderheit an. Also muß die Ankunft des Herrn, nach der Meinung des Apostels, nahe gewesen seyn, so, daß sie die Corinther noch erleben konnten, Cap. XV. v. 51. sagt er: Wir werden nicht alle entschlafen. Wir werden aber alle verwandelt werden. Der Apostel redet mit den damaligen Christen. Also muß nach seiner Meinung die Ankunft des Herrn nahe gewesen seyn. Dieß saget er Phil. IV. v. 5. mit den deutlichsten Worten: Der Herr ist nahe. Darauf zielet er auch 1 Thess. IV. v. 15. mit den Worten: Wir, die wir leben und überbleiben in der Zukunft des Herrn, werden denen nicht vorkommen, die da schlafen. Eigentlich heissen diese Worte also: Wir die wir auf die Ankunft des Herrn zurückgelassen oder aufbehalten worden sind. b) Wozu Cap. V. v. 4. 5. noch diese Worte kommen: Ihr aber, lieben Brüder, seid nicht in der Finsternüß, daß euch der Tag, wie ein Dieb ergreife. Der Tag ist kein anderer als der Tag, an welchen der Heiland sichtbarlich vom Himmel auf Erden kommen wird. Dieser mus nach der Meinung des Apostels nahe gewesen seyn; weil sich die Tessalonicher darauf sollten gefaßt halten. Der Apostel Petrus redet nicht anders. So spricht er: 1 Petr. IV. v. 5. welche werden Rechenschaft geben, dem der bereitet ist, c) zu richten die Lebendigen und die Todten. Wozu 2. Petr.

D 2

III.

---

a) Τα τελη των αιωνων κατηντησεν fines saeculorum deuenerunt. Das Wort αιων bedeutet unsere Welt und alles was in der Welt ist. Der Apostel redet in der mehrern Zahl nach jüdischer Weise. Er verstehet darunter das uniuersum mundi. Darum saget er Ebr. L v. 2. daß Gott durch unsern Heiland die αιωνας die Welten gemachet habe.

b) Οι περιλειπομενοι εις την παρεσιαν του κυριου relicti in aduentum Domini.

c) Ετοιμως in promtu seu parate. Es zeiget dieß Wort eine solche Bereitschaft zu einer Sache an, welche nächstens soll hinausgeführet werden.

III. v. 9. 10 zu sezen ist. Der Apostel Johannes schreibet nicht anders. 1. Joh. II. v. 18. 19. schreibet er zweimal: Kindlein, es ist die letzte Stunde. In der Epistel an die Ebräer wird eben so geredet. So stehet unter andern Cap. I. v. 2. hat er am lezten in diesen Tagen zu uns geredet. Es heisset nicht am lezten in diesen Tag. Es stehet eigentlich also: in diesen lezten Tagen — Doch stehet in einigen Exemplarien des griechischen neuen Testamentes επ εσχατε των ημερων τετων, in dem lezten dieser Tage. a) Es mag aber hier stehen, wie da will: sie wird damit auf das Ende der Welt gezielet. Man kann dieß aus den andern Stellen deutlich abnehmen, welche aus den Briefen des Apostels sind ausgezogen worden. Weiter spricht dieser Apostel Ebr. X. v. 37. Ueber eine kleine Weile wird kommen, der kommen soll, und nicht verziehen. Hier giebt der Apostel die Ankunft des Heilandes als sehr nahe, ja auch das allernaheste an. In der griechischen Sprache siehet man dieß alludeutlich: Ετι μικρον οσον οσον, ο ερχομενος ἡξει, και ου χρονιει. Adhuc enim parvum quantum quantum veniens veniet et non tardabit. Also redet auch der Apostel Jacob cap. V. v. 8. Die Zukunft des Herrn ist nahe und v. 9. Siehe der Richter ist vor der Thür. Hier haben wir also die deutlichsten Beweise, daß die Apostel in den Gedanken gestanden sind, das Ende der Welt seye nahe. Da alle Apostel dieß geglaubet haben, ob sie gleich mit dem heiligen Geist gesalbet waren: so darf man sich nicht wundern, wenn die andern Juden eben diesen Glauben hatten. Aber, warum benahm der heilige Geist den Aposteln diese Meinung, welche sie in den Schulen der Juden gelernet haben, nicht? Er that es deswegen nicht; wie schon ist erinnert worden; damit er die Freudigkeit in ihrem Amte dadurch nicht unterdrücken oder benehmen mögte. Es konnte auch GOtt den Aposteln diese Meinung um so ehender lassen, weil sie den Grund des Glaubens nicht umstieße, und weil sie durch einen baldigen seligen Tod das der Seelen nach erfuhren, was sie nach Leib und Seel zugleich hofeten. Es ist gewiß, daß die Apostel auch nach der Himmelfarth Christi, auch da sie schon mit dem heiligen Geist gesalbet waren, in den Gedanken stunden, der Heiland werde sein Reich auf Erden nun bald, ia auf das geschwindeste, auf das eilfertigste anrichten; wie schon oben ist erinnert worden. Denn das Ende der gegenwärtigen Welt und den Anfang des Reichs JEsu auf der neuen Welt verbanden sie miteinander. Und dieß mit allem Recht.

a) Man sehe IOH. D'OUTREIN Erklärung des Briefs an die Hebräer i n ersten Theil S. 15.

Recht. Das giebt der Apostel Paullus in der Epistel an die Hebräer Cap. II. v. 5. zuverstehen, wenn er saget, daß unsern Heiland die künftige Welt (οικουμενη μελλουσα, habitata futura, oder orbis terræ futurus) untergeben seye. Der Apostel drückt sich hier indisch aus. Die zukünftige Welt ist nichts anders, als die neue Welt. Diese aber bedeutet nichts anders, als das Reich unsern Herrn Jesu auf Erden. Dieß will der Apostel mit den Worten sagen, daß dem Heiland die zukünftige Welt untergeben seye. a)

§. 20.

Hierauf ist weiters zu bemerken, daß die Juden glaubten, der Meßias werde bei seiner Ankunft einige Sünden vergeben, welche auf Erden sind nicht vergeben worden. Auch glaubten sie, daß er werde die Selen aus der Hölle erlösen. Auf jene Meinung zielet der Heiland Matth. XII. v. 31. 32. mit den Worten: alle Sünde und Lästerung wird dem Menschen vergeben, aber die Lästerung wider den Heiligen Geist wird dem Menschen nicht vergeben. Und wer etwas redet wider des Menschen Sohn, dem wird es vergeben. Wer aber etwas redet wider den heiligen Geist, dem wird es nicht vergeben, weder in dieser, noch in jener Welt. b) Der Heiland redet hier nach jüdischer Meinung. Die Juden lehreten, etliche Sünden würden durch herzliche Reu und Busse abgethan. Andere Sünden könnten durch Opfer versöhnet werden. Andere aber wären von einem so grosen Gewicht, daß sie nur allein könnten am grosen Versöhnungstage erlassen werden. Wieder andere wären von einer solchen Beschaffenheit, daß sie nur könnten durch den Tod ausgelöschet werden,

D 3

Die Juden glaubten, daß der Meßias bei seiner Ankunft die Sünden vergeben werde, welche auf Erden sind nicht vergeben worden, und daß er die Selen aus der Hölle erlösen werde.

---

a) Die Juden nennen die zukünftige Welt Olam habaa, saeculum futurum, die Tage des Meßiä. Auch nennen sie diese Zeit septimum mundi millenarium. Man sehe GRELLOT. in praefat. ad Apoc. §. 27. in IOH. D'OUTREIN Erklärung der Epistel Paulli an die Hebräer im ersten Theil S. 260. in der Anmerkung. Die Juden, welche septimum mundi millenarium, als die Zeit angeben, in welchem das Reich Jesu seinen Anfang nehmen soll, diese werden sich wohl nicht verrechnet haben. Also wäre nicht lange mehr auf diesen höchstwichtigen Zeitpunkt

b) ουτε εν τω νυν αιωνι, ουτε εν τω μελλοντι, neque in nunc saeculo, neque in futuro. Das Saeculum futurum ist die neue Erde, oder das Reich Christi auf Erden.

den. a) Die allerschwehrsten Sünden aber würden in jener Welt oder auf
der neuen Erde von dem Meſſias vergeben werden. Eben dieß glauben die
Juden bis auf den heutigen Tag. Darum sagen|sie in ihrem Eid: wo ich
falſch schwöhre, oder falſche Gedanken in meinem Herzen habe
— — ſo will ich von Gott keine *Capora* oder Vergebung haben,
keine Vergebung, noch Aussöhnung am Tage der Auslöhnung,
weder in dieſer, noch in jener Welt. b) Nun müſſen wir gleich fragen: was dieß für eine Sünde geweſen, welche der Schächer begangen hat?
Er war ein Räuber. Die Räuberei aber wurde von den Juden unter die
größten Sünden gezählet. Ja, sie wurde grösser als der Todschlag gehalten.
Man darf nur den Eisenmenger im zweiten Theil S. 475. nachleſen:
so wird man den Beweiß darüber finden. Denn daselbst lieſet man unter
andern alſo: Es iſt bekannt, daß der Todschlag eine von den schwe-
reſten Sünden seye — — Wiewol aber die Sünde des Todschlags schwer iſt; ſo iſt doch die Sünde der Räuberey noch
schwerer. Dem Todschläger wird vergeben, wenn er Buſſe thut.
Mit der Räuberey aber iſts nicht also beschaffen; denn die Buſſe
nuzet dem Räuber nichts, bis er das geraubte wieder giebet, und
wenn er es nicht wiedergiebt: so wird ihm niemand vergeben.
c) Wer war der Schächer? müſſen wir nochmals fragen. Ein Räuber.
Folglich war, er nach den jüdischen Lehrſäzen, der größte Sünder, ein solcher
Sünder, dem seine Sünden weder in dieſer, noch in jener Welt konnten vergeben werden; zumal, da er am Kreuze nicht mehr im Stande war, das
Geraubte wiederzugeben. Folglich hatte er keinen Theil an der zukünftigen Welt.

Welters glaubten die Juden, der Meſſias werde die Verdammten aus
der Hölle erlöſen. Die Beweiſſe hierüber findet man in Eisenmengers
entdecktem Judenthum im zweiten Theil S. 364. allwo aus einigen
jüdi-

---

a) Man ſehe AMELII Erläuterung schwerer Schriftstellen neues Testaments,
    im zweiten Theil, S. 659.

b) Man ſehe Böhmers *Ius Ecclesiaſt. Proteſt.* am angezogenen Orte nach.

c) Daher gab der Zachäus, als er sich bekehrte, vierfältig wieder, wenn er Je-
    mand betrogen hatte, Luc. XIX. v. 8. Denn durch seine Betrügereien begieng
    er auch einen Raub.

d) Von dieſer Jüdiſchen Meinung, nämlich daß der Meßias die Seelen aus der
    Hölle erlöſen werde, iſt die Lehre von der Höllenfahrt Chriſti, in den folgenden
    Zeiten entstanden. Ich werde mich hierüber an einem andern Orte deutlicher
    erklären.

jüdischen Rabbinen dieses angeführet wird: daß die Gottlosen in der Hölle bis nach der Auferstehung der Toden bleiben werden; als denn wird der Sohn Davids (nämlich der Meßias) welcher der David selbsten ist, durch dieselbe gehen, sie zu erlösen. Abermals stehet daselbst also: Die sündigende Israeliten haben eine Hofnung, daß sie auch nach ausgestandener Straffe der Höllen werden wieder zurückkehren, und aus der Hölle kommen, und erneuert werden, als wenn sie nimmermehr gesündiget hätten. — — Daß die Juden auf diese irrige Gedanken gekommen sind, hierüber ist nicht zu verwundern. Schon das einige Wort bei dem Propheten *Hoseas Cap. XIII.* ich will sie von der Hölle erlösen, konnte sie auf diese Gedanken bringen; obgleich hier die Hölle nicht den Ort der Verdammten, sondern das Grab bedeutet. a) Denn die Jüdischen Lehrer nahmen alles, was in der Bibel von dem Meßias gesaget wird, im buchstäblichen Verstand.

§. ,21.

Der wahre Verstand des Gebets: Herr, gedenke an mich, wenn du in deinem Reiche kommen wirst, wird angezeiget.

Nun werden wir leicht verstehen, was der Schächer mit dem Gebet haben wollen: Herr, gedenke an mich, wenn du in deinem Reiche kommen wirst. Und was denn? Er sahe seinen Tod vor Augen. Er sahe auch seine Verdamnis. Er war, nach dem Jüdischen Lehrbegrief, überzeuget, daß er aus der Hölle könne nicht erlöset werden; daß er keinen Theil an dem Reiche des Meßias oder an der zukünftigen Welt haben, und daß er von den Toden nicht auferstehen könne. Er sahe den Mann, der neben ihm hienge, für den Meßias an. Er glaubte auch von Herzen, daß er der versprochene Meßias seye. Er war, wie es alle Umstände geben, in der jüdischen Religion sehr wol unterrichtet. b) Er wußte, daß der Meßias nicht im Tode bleiben, daß er bald wieder werde lebendig werden, (denn sonst würde er diese Bitte nicht gethan haben) und daß er sodann sein Reich auf Erden anrichten werde. c) Vielleicht hatte

---

a) Hieher mag auch dasjenige gehören, was der Jud *Maimonides* saget: qui elata manu transgreditur legem, nullam partem habet in futuro saeculo. Man lese *D'Outrein* am angezogenen Orte im ersten Theil S. 260.

b) Da er ein vornehmer Jud war: so ist dieß um so mehr zu glauben. Denn diese waren in der jüdischen Religion vornämlich unterrichtet. Sie glaubten auch, daß der Geist der Weisheit auf vornehmen und reichen Leuthen besonders ruhe.

c) Da alle Juden, ja, da alle Gläubigen, die vor Christi Menschwerdung und die zur Zeit seines sichtbarlichen Wandels auf Erden gelebet, da diese durch die Bank

hatte er auch aus seinen eigenen Munde gehöret, daß er am dritten Tage wieder aufstehen würde. Dieß glaubte er. Es war noch überdieß bei den Juden eine alte Tradition, daß der Messias um Mitternacht kommen würde, und unser Heiland zielet mit dem Gleichnüs von den klugen Jungfrauen, und von dem Bräutigam, der um Mitternacht gekommen, hierauf. Hiezu kommt dieß. Die ersten Christen glaubten, daß der Meßias um das Osterfest kommen würde. Diese ersten Christen waren Juden. Die Christen aber, welche vorher Heiden waren, wusten nichts davon. Dieß war also ein jüdischer Lehrsaz. Vermuthlich ist er daher entstanden, daß, weil sie vorher in Egypten auf dem Osterfest erlöset worden, sie auch um das Osterfest von der Hand ihrer Feinde, der Römer erlöset würden, und der Meßias sein Reich aufrichten würde. Vermuthlich glaubte der Schächer der Heiland würde, noch während des damaligen Osterfestes, sein Reich aufrichten. Er bittet also den Heiland, er mögte alsdenn an ihn gedenken, wenn er von den Toden auferstehen würde, und wenn er in seinem Reiche kommen oder sein Reich auf Erden aufrichten würde. Er sollte ihm sodann seine schweren Sünden vergeben. Er sollte seine Sele aus der Hölle erlösen. Er sollte seinen Leib wieder lebendig machen, ihn mit der Sele vereinigen und ihn sodann Antheil an seinem Reiche oder an der neuen Welt nehmen lassen. Soviel hat der Schächer in seinem Gebet: Herr gedenke meiner, wenn du in deinem Reiche kommest, sagen wollen.

§. 22.

Wie nach sich die Ant-
Nun werden wir leicht begreifen, wenn wir jenes, als richtig voraus sezen, warum ihm der Heiland zur Antwort gegeben

in der Meinung gewesen sind, der Heiland werde auf Erden ein Reich anrichten: so ist der Schächer nicht zu verdenken gewesen, wenn er in eben diesen Gedanken gestanden ist. Die Jünger, ob sie gleich selbst in der Schule des Heilandes waren, hatten eben diese Meinung und eben diese Hofnung. Was bedeuten die Worte? Wir hoffen, er sollte Israel erlösen. Luc. XXIV. v. 21. Diese Erlösung verstunden sie nicht geistlich, sondern leiblich.

c) Einen sehr merkwürdigen Beweiß hierüber hat OUTREIN im dritten Theil der Erklärung der Epistel an die Hebräer aus einen jüdischen Rabbinen S. 794. in der Anmerkung beigebracht. Die Worte des Rabbinen lauten also: Als Gott Jacob und seinen Saamen hat erkobren, hat er ihnen zu einen Anfang gesezet den Monath der Erlösung, weil in demselben die Kinder Israel aus Egypten erlöset worden. Und weil sie darnach in demselben Monath sollen erlöset werden, (nämlich durch den Meßias) wie gesaget wird Mich. VII. v. 15. Ich will sie Wunder sehen lassen, wie in den Tagen, da ihr aus Egypten zoget.

wort des Heilandes auf die Bitte des Schächers schickt.

ben habe: warlich ich sage dir, heute wirst du mit mir im Paradiese seyn. Der Heiland versicherte ihn, seine Seele sollte nicht in die Hölle kommen. Sie sollte vielmehr mit ihm an einen Ort, nämlich in das Paradieß kommen. Er dürfte auf die Seligkeit nicht warten, bis er in seinem Reiche käme. Seine Seligkeit sollte sich schon heute in der Stunde und in dem Augenblick seines Todes anfangen. Und aus was für Ursachen gab ihm der Heiland diese Versicherung? Der Schächer hatte seine Missethat erkennet und bereuet. Er hielte dabei unsern Heiland für den Meßias. Er hatte ein Vertrauen zu ihm. Deswegen wurde er begnadiget.

§. 23.

Zu welcher Zeit sich der Schächer bekehret habe?

Jetzt müssen wir noch fragen: zu welcher Zeit der Schächer überzeuget worden, daß der Heiland der versprochene Meßias seye? Der Herr Heinrich Johann Carstens hat in der Schrift: von der Bekehrung des Schächers a) S. 43. folgende Gedanken: Es ist wahrscheinlich, daß der Schächer das Werk seiner Bekehrung schon vor der Kreuzigung zu Ende gebracht habe — — — Ich sehe aber nicht die geringste Wahrscheinlichkeit dazu. Sein lästern am Kreuz beweiset ja handgreiflich das Gegentheil. Ein berühmter Hamburger Gottesgelehrter b) aber stehet in den Gedanken, daß dieser Mann schon vorher JEsum gekennet habe, auch an ihn geglaubet habe, aber durch Betrug des Satans in eine Uebelthat gestürzet worden seye, welche ihn an das Kreuz gebracht, und daß

a) Diese Schrift ist 1744. zum Vorschein gekommen.
b) Nämlich der um die Kirche GOttes hochverdiente Herr D. Goez. Es geschiehet dieß in dem sehr schönen Buch, welches die Aufschrift hat: erbauliche Betrachtungen, über die in dem herrlichen Lied: O du dreyeiniger GOtt — enthaltene göttliche Wahrheiten S. 562. und in den Betrachtungen des Todes schreibet er S. 476. also: Man nimmt insgemein als bekannt und bewießen an, daß dieser Uebelthäter sich erst am Kreuz bekehret — — alle Umstände lehren, daß dieser Mensch schon wirklich zu JEsu bekehret gewesen, ehe er an das Kreuz gebracht gewesen — — Ich kann aber den Worten dieses berühmten Gottesgelehrten nicht unterschreiben. Eben so wenig kann ich auch den folgenden Worten S. 478. Beifall geben: Herr gedenke an mich — — und was war das Verlangen seines Herzens? Er wollte, daß ihn JEsus nachziehen und zu seinem ewigen und himmlischen Reiche aus helfe sollte — — Hieran hat der Schächer wol nicht gedacht. — —

daß er schon vorher im Gefängnüß, durch eine wahre Busse, die verlohrne
Gnade Gottes wieder gesuchet und gefunden habe. Auch diesen Gedanken
kann ich nicht Beifall geben. Ich kann nimmermehr glauben, daß der Schächer sich sollte vorher bekehret haben. Seine Lästerung widerspricht ja diesem offenbar. Daher ist gar nicht wahrscheinlich, daß ein Mann, der wahr-
haftig an den Heiland geglaubet, sollte auf einmal in solche schröckliche Sünden verfallen seyn, a) und einen Strassenräuber und Mörder abgegeben
haben. Darnach kann ich auch dem nicht unterschreiben, was der berühmte
Badendurlachische Gottesgelehrte, der Herr D. Stein schreibet b) nämlich,
daß sich diejenigen eine vergebliche Mühe gemachet, welche hätten auf eine
weitläuftige Weise darthun wollen, es hätte der selig gewordene Schächer
schon

a) Der vormalige berühmte Schweizerische Gottesgelehrte, nämlich der Herr Johann
   Jac b Ulrich hat in den Predigten über die lezten Reden des am Kreuz sterbenden Herzogs des Lebens S. 115. besondere Gedanken, welche ich hier anführen
   muß. Er schreibet daselbst also: So ist ohne genuglaimen Grund, daß man vor
   vest setet, es seye dieser Mörder bis an sein Ende in Unbusfertigkeit und
   Mordthaten verharret. Denn woher will man solches beweisen? Woher
   will man beweisen, es seye selbiger iust ein offenbarer Strassenräuber und
   Mörder, so zu reden, von Profeßion gewesen? Vielleicht mögte solches gewesen seyn? Vielleicht ja wahrscheinlicher aber auch nicht. Vielleicht hat er sich
   sein Lebtage nur einmal und das etwan aus Zorn oder durch eine andere ge-
   waltthätige Paßion übernommen, in der Sünde des Todschlags vergangen.
   Das schon genug gewesen, ihn wiederum das Leben zu bringen. Oder es
   ist aus einem bürgerlichen excedirenden Eifer in die Rebellion Barrabas
   und dabey wieder in diese Sünde eingewickelt worden. Vielleicht hat er
   JEsum auch schon zuvor gekennet, gehöret, geliebet — oder wenigstens in
   seiner Gefangenschaft, die lang hat währen können, sich schon angefangen zu
   einem seligen Tod präpariren und mit GOtt Friede zu machen. Ich sage
   nicht positive — —
   - Ich kann aber diesen Gedanken nicht Beifall geben. Der Mörder ist gewiß
   bis an sein Ende, oder vielmehr bis zu seiner Gefangennehmung in Unbusfertigkeit geblieben. Seine Lästerung am Kreuz bezeuget dieß. Er war auch ganz
   gewiß ein offenbarer Strassenräuber und Mörder. Sonst wäre er nicht gekreuziget worden. Sonst wäre er nicht bis auf das Osterfest aufbehalten worden.
   Denn an den hohen Festen wurden die grösten Missethäter hingerichtet. Aus
   Zorn wird er wohl kein Mörder geworden seyn — die Strassenräuber wurden
   durch andere Dinge zum Morden bewogen. An der Rebellion des Barrabas hat
   er auch kein Theil gehabt; wie schon oben ist dargethan worden.
   Der Sündenfall Petri darf hier nicht zum Beweiß angeführet werden, daß ein
   Mensch, der an den Heiland geglaubet hat, in schwere Sünden fallen kann. Auch
   das Exempel des Judas gehöret nicht hieher. Denn von diesem heisset es, er seye
   ein Dieb gewesen. Also war er wohl nicht bekehret.
b) In dem theologischen Krankenbuch Cap. 6.

schon vorher eine Erkenntnuß von Christo gehabt; er hätte viel von ihm gehöret, wodurch also ein Funke des Glaubens in seiner Seele angezündet worden — — Es ist nichts gewisser als dieses. Denn sollte ein Jude nichts
vom Heiland gehöret haben, der im Jüdischen Lande gewohnet, und der
noch dazu nicht weit von Jerusalem gewohnet hat? Sollte ein Jude nichts
von seinen erstaunlichen Wundern und Thaten gehöret haben? Sollte er davon nichts gehöret haben, daß man ihn für den Meßias hielte? Wäre dieses
nicht gewesen; hätte er nichts von dem Heiland gewußt: wie hätte er denn
zu ihm sagen können: Bist du Christus: so hilf dir und uns. Nothwendig mußte er auch wissen, daß der Mann, der neben ihm am Kreuz hienge, der Meßias seyn sollte. Nothwendig mußte er auch wissen, daß er deswegen gekreuziget worden, weil er sich für den Meßias oder für den König
der Juden ausgegeben hat. a) Aber, er glaubte es noch nicht, oder er war
noch nicht überzeuget, daß er wirklich der Messias wäre. Nun aber glaubte
er dieses. Es mag damit so zugegangen seyn. Bei seiner Kreuzigung sagte
er zum Heiland: bist du Christus: so hilf dir und uns. b) Hier besann er
sich nicht darauf, daß der Messias sterben müsse. Auf einmal aber änderte
er seine Gedanken. Es fiel ihm ein, daß der Messias sterben müßte, daß
er aber auch wieder lebendig werden müßte, und daß er alsdenn ein Reich
auf Erden anrichten werde. Dieß glaubte der Schächer. Dadurch wurde
er nun angetrieben, an den Heiland die Bitte zu thun: Herr, gedenke an
mich, wenn du in deinem Reiche kommen wirst — — Da dieser Mann sein
Unrecht erkannte; da er glaubte, daß er der Gnade GOttes nicht würdig

E 2　　　　　　　　　　　　　seye;

a) Eben dieser berühmte Gottesgelehrte schreibet am angezogenen Orte S. 682 Der
Schächer hörete, daß dem gekreuzigten Heiland vorgeworffen wurde: Er
habe sich vor Christus, vor den Messias — — ausgegeben. Gab er an-
fänglich nicht gehörige Acht darauf: so lehrte ihm nachgehends die Noth darauf zu merken — — Er meinet, daß diese und andere Umstände ihn zum
Glauben gebracht habe. Ich kann aber dieß nicht glauben. Der Schächer muß
lange vor seiner Kreuzigung gewußt und gehöret haben, daß der Mann, der neben
ihm hienge, der Meßias seyn sollte. Das allgemeine Gerüchte und die Wunder
mußten ihn schon auf die Gedanken bringen. Die Spöttereien der Juden mit dem
gekreuzigten Heiland konnten ihn von der Wahrheit ohnmöglich überzeugen, daß
der Heiland der Meßias seyn sollte. Es waren ganz andere Umstände, dadurch er
von dieser Wahrheit überzeuget wurde.

b) Mit was für Worten dieser Schächer eigentlich den Heiland gelästert habe, das
saget kein Evangelist. Aber seine Lästerung kann in nichts anders bestanden seyn,
als daß er vom Christo als dem Meßias, Hülfe begehret hat; nämlich er sollte sich
und ihm von dem Kreuz helfen. Die Sünde dieser Lästerung war aber so groß nicht.
Sie kam von einem Fehler des Verstandes her. — —

seye; da er den Heiland für den Messias erkandte und ihn um Gnade bate: so fande sich bei ihm alles, was zu seiner Begnadigung erfordert wurde. Ueberhaupt war damals schon genug, wenn man nur glaubte, daß unser Heiland der wahre Messias seye. a) Aber, wenn geschahe dieß? Oder wenn wurde der Schächer überzeuget, daß der neben ihm gekreuzigte Mann der Messias seye? Ich glaube nicht, wie der angezogene berühmte Hamburgische Gottesgelehrte vorgiebet, daß dieß erst zu der Zeit geschehen seye, da er durch Abfluß des Geblütes beinahe alle Kräften verlohren hatte. b) Es geschahe dieß vielmehr bald nach seiner Kreuzigung. Es geschahe dieß etliche Stunden vor seinem Ende. Man darf nur den Evangelisten Lucas XXIII. v. 42. lesen: so wird man davon überzeuget werden. Denn er erzählet, daß sich der Schächer noch vor der Sonnenfinsternis bekehret hätte. Und wenn geschahe diese? Bald nach seiner Kreuzigung, und also etliche Stunden vor seinem Ende.

§. 24.

Wie wunderbar die Bekehrung des Schächers gewesen seye?

Ist die Bekehrung eines jeden Menschen, in gewissen Stücken, zu reden ein Wunder: so war die Bekehrung des Schächers noch mehr ein Wunder. Es ist wahr, es gehörete zu diesem Glauben weiter nichts, als die Ueberzeugung oder vielmehr der Beifall, daß Jesus von Nazareth der wahre Messias seye. Aber wie viel gehörete bei dem Schächer dazu, dieß zuglauben? Viel, sehr viel, erstaunlich viel gehörete dazu. Die andern Juden, welche unsern Heiland für den wahren Meßias hielten, diese bezeugten ihren Beifall zu der Zeit, da er auf Erden wandelte; da er gewaltig predigte, so predigte, daß es ihm kein Schriftgelehrter nachthun konnte; da er seine Predigten mit erstaunlichen Wundern versicherte, und da sie hoffeten, der Heiland werde stündlich sein Reich auf Erden anfangen. Diese Leuthe glaubten also an den Heiland zu der Zeit, da er sich in seiner Hoheit, wenn ich so reden darf, sehen liesse. Aber, der Schächer glaubte an ihn, oder er wurde überzeuget, daß er der Messias seye, zu der Zeit, da er als der gröste Missethäter behandelt wurde; zu der Zeit, da er auf das entsezlichste verspottet wurde; zu der Zeit, da er die allerschimpflichste Straffe ausstunde; da er am Kreuz im grösten Schimpf hienge; da ihn alle Umstehen-

de

a) Wie dieses Locke in seinem Vernunftmäßigen Christenthum sehr schön bewiesen hat.

b) In den angezogenen Betrachtungen über das Lied: O du dreieiniger GOtt S. 561.

de schmäheten; da er dem Tode nahe war, und da es nicht das mindeste Ansehen mehr hatte, daß er ein Reich auf Erden anrichten würde. Zu dieser
bedenklichen Zeit lernte der Schächer an den Heiland glauben. War dieß
bloß Menschenwerk? Muß nicht hier die Allmacht mit gewirket haben? O
Schächer! dein Glaube war groß. Deine Glaubensbrüder, die andern Juden wollten nicht an diesen Herrn glauben; da er auf Erden wandelte;
da er gewaltig predigte; da er die erstaunlichsten Wunder that, die noch kein
Mensch gethan hatte; da man aus seinen Worten und aus seinen Werken
abnehmen mußte, daß er eine ganz besondere Person, eine ganz auserordent-
liche Person seyn müsse. Bei allen diesen glaubten sie nicht an ihn. Ja,
sie wurden nur verstockter. Ihr Unglaube wurde immer grösser, und ihre
Versündigung schrecklicher; da sie sagten, er habe einen Bund mit dem Teu-
fel gemachet, und thue durch dessen Beistand so grosse Wunder. Du aber
wurdest zum Glauben an diesen Herrn bewogen, da er als der grösste Missethäter am Kreuz hienge; da er von Jedermann verspottet wurde; da er
keine Wunder that — — Zu der Zeit, da dieser Herr in dem tiefsten Stand
seiner Erniedrigung sich befande, in dieser bedenklichen Zeit wurdest du bewogen, ihn für den Meßias öffentlich zuerklären; zu der Zeit glaubest du,
daß er ein Reich anfangen werde — O Schächer! dein Glaube war groß,
über die Massen groß. Er war grösser, als der Glaube der Jünger, die so
lange in der Schule des Heilandes waren, die so lange mit ihm umgegan-
gen waren. Diese konnten nicht glauben, daß der Heiland sterben, und
daß er am dritten Tage wieder auferstehen würde. Ihre Hoffnung war verschwunden, als der Heiland im Grabe lage; wie die Jünger, die nach Emaus
giengen, mit den Worten zu Tage legten: Wir hoften, er sollte Israel erlösen — Nun ist unsere Hofnung, daß wir von unsern leiblichen Feinden erlöset werden, verschwunden, völlig verschwunden — Aber du glaubetest
dieß. Du warest überzeugt, daß der Meßias bald von den Toden auferstehen, und daß er alsdann sein Reich aufrichten würde. Diesen Glauben
legtest du mit dem Gebet zu Tage: Herr! gedenke an mich, wenn du in
deinem Reiche kommen wirst. Und dieser Glaube hat dir geholfen. Dieser Glaube hat dir in ein besseres Reich, er hat dir in das ewige und himmlische Reich geholfen — O Schächer! dein Glaube war groß. Er war
grösser, als der Glaube des Hauptmanns zu Capernaum. Hier hätte der
Heiland ausruffen können: warlich solchen Glauben habe ich in Israel nicht
funden, als er deinen Glauben sahe. Denn der Hauptmann glaubte, daß
der Heiland seinen Knecht von einer leiblichen Pein befreien könnte; du
aber glaubtest, daß er dich von der höllischen Qual befreien könnte. Dein

Glaube war grösser, als der Glaube des Cananäischen Weibes. Diese glaubte, daß der Heiland ihre Tochter von der leiblichen Gewalt des Teufels erlösen könnte. Aber du glaubtest mehr. Du glaubtest, daß dich der Heiland von der ewigen Gewalt des Teufels und von seinem Reiche erlösen
könnte. Wie getrost, wie freudig wirst du bei diesem Glauben gestorben
seyn! Und wie wird nicht die Versicherung des Heilandes: Heute wirst du
mit mir im Paradiese seyn, dir die Schmerzen gelindert, ja selbst in der
schrecklichen Stunde, da dir deine Beine zerschmettert wurden, dir ein Bál-
sam gewesen seyn, und deine Pein leicht gemachet und verkürzet haben. Ja
selbst das schmerzliche Zerbrechen deiner Beine muste dich im Glauben an
deinen Herrn stärken. In diesem Augenblick mustest du überzeuget werden,
daß die Versicherung deines Herrn: Heute wirst du mit mir im Paradiese seyn, Wahrheit seye. Dein Herr hieng an deiner Seite tod. Seine Sele war schon in das Paradies eingegangen. Nun wurden dir die
Beine zerbrochen. Dadurch wurdest du nun zu deinem Ende befördert.
Aber, eben dadurch wurdest du auch in deinen Glauben gestärket, daß du
noch, heute, noch an selbigen Tage zu deinen Herrn in das Paradies ganz
gewiß kommen würdest. Dein Herr dachte an dich in der Zeit, da dir die
Beine zerbrochen wurden. Dieß war keine Strafe mehr für dich. Dieß
war die größte Wolthat für dich — — Du wurdest von deinem Schmerzen befreiet. Dein Geist gieng in das Paradies. Hier wurde dein Glaube
gekrönet. Hier sahest du das Ende deines Glaubens, nämlich der Selen
Seligkeit. — —

§. 25.

Letzte An-
merkung.
Zum Beschluß müssen wir von dem Schächer diese Wahrheiten lernen. Das Exempel des Schächers ist ein Beweiß,
daß ein Sünder, daß auch der größte Sünder könne in den lezten Stunden
seines Lebens begnadiget werden. Aber dieß Exempel beweiset noch nicht,
daß alle Menschen in ihren lezten Stunden sich wirklich bekehren können.
Freilich, so lange die Augen offen stehen, so lange stehet auch der Himmel
offen. So lange stehet auch der Weg zur Gnade Gottes offen. Aber, wie
lange stehen die Augen offen? Wenn werden sie sich schliessen? Wird man
erst gekreuziget werden? das ist, wird man erst auf das Todtenbett hingelegt
und gemartert werden, damit man zur Erkenntniß der Sünden kommet?
Wird eine langwierige Krankheit uns auf das Bett heften? Wird man eines langsamen Todes sterben? Und wenn dieß wirklich ist: wird man sich
alsdenn besinnen können? Wird man seine Sünden erkennen können, wie

der

der Schächer? Wird man sie bereuen können, wie der Schächer? Wird man um Gnade bitten können wie der Schächer? Wird man seine Augen auf JEsum den gekreuzigten richten können? Oder werden sich die Augen nicht plötzlich schliessen? Dieß weiß der Mensch nicht. Dieß lezte ist so möglich, als das erste. Es lehret auch die Erfahrung, daß die Menschen in ihren lezten Stunden nicht recht bei Verstand sind — — An diesem lezten Augenblick hänget die ganze Ewigkeit. An diesem Augenblick hänget der Himmel und die Hölle. Also ist es thörigt gehandelt, wenn man seine Bekehrung bis auf die lezten Stunden seines Lebens verspahren will. Das Exempel des Schächers beweißet demnach nur so viel: daß ein Sünder, daß auch der größte Missethäter bei Gott Gnade finden könne; wenn er sie suchet, wenn er sie demüthig suchet, wenn er sie zur rechter Zeit suchet, und wenn er sie auch nur mit wenigen Worten suchet, wie sie der Schächer gesucht hat. Dieß Exempel des Schächers stehet deswegen in der Bibel, daß kein busfertiger Sünder verzagen solle. Es stehet auch zum Beweiß der grossen Wahrheit in der Bibel, daß wo die Sünde mächtig geworden, die Gnade Gottes viel mächtiger seye — — — Bei dieser tröstlichen Wahrheit lässet Gott dem Menschen auch dieses zuruffen: Spare deine Busse nicht, bis du krank werdest; sondern bessere dich, weil du noch sündigen kannst. Verziehe nicht fromm zu werden und harre nicht mit der Besserung deines Lebens bis in den Tod — — Gedenke an den Zorn, der am Ende kommen wird und an die Rache, wenn du davon must. — — Denn es kann vor Abends wol anders werden, als es am Morgen war, und solches alles geschiehet bald vor Gott. Sirach XVIII. v. 22. 24. 26.

Anhang

zur Erläuterung der Dedication.

Es hat der Hochfürstliche Schwarzburg. Rudolstädtsche Geheime-Rath, Cantzler, Regierungs- und Consistorial-Präsident, des rothen Adler-Ordens Großcreuz und Ritter des Ordens de l'union par faite Christian Ulrich von Ketelhodt, nach dem er das auf dem Marckt zu Rudolstadt gelegene, zur Wohnung der dortigen Cantzler von jeher bestimmte, von seinem Schwieger Vater dem Fürstl. Schwarzb. Geheimen Rath, Cantzler, Regierungs- und Consistorial-Präsidenten Georg Ulrich von Beulwiz aber zuerst in April 1709. von gnädigster Herrschafft erkauffte Hauß von dessen nachgelassenen beyden Söhnen Antbon Friedrich von Beulwiz, Fürstl. Schwarzb. Sondershäusischen Geheimen-Rath, Cantzler, Regierungs- und Consistorial-Präsidenten und Johann Georg von Beulwiz, Churfürstl. Sächsischen Stiffts-Cantzler zu Merseburg im März 1743. käuflich an sich gebracht, den daran befindlichen Lustgarten dergestalt eingerichtet, daß man aus den, dem Eingang gegen über stehenden, Garten-Hauß auf der rechten Seite eine Statue, so den Ianum bifrontem mit einem alten und jungen Gesichte vorstellet, erblicket, und in dem breiten, durch Obstbäume verdeckten, Gange den in David Franckens alten und neuen Mecklenb. Lib. 1. Cap. XXII. pag. 127. beschriebenen und abgebildeten Gerichts-Götzen Probe, welcher auf die beiden nicht weit davon stehende Statuen der Gottesfurcht und Gerechtigkeit siehet, ingleichen in den 3 Oeffnungen dieses Ganges 3 Statuen so den Glauben, die Liebe und Hoffnung vorstellen, wahrnimmt. Auf der Linken Seite des Garten-Hausses stehet eine, grosse, von Schwartzburgischen Marmor an einem Stück sehr künstlich und auf eben die Art, wie sie in Montfaucon Alterthümern Tab. XXV. n. 12. p. 69. beschrieben, und davon das Original im Farnesischen Pallast zu Rom der vortreflichen Bildhauer Arbeit wegen annoch auffbehälten wird, gefertigte Statue des Herculis Musagetæ so gleichfalls auf beyde gedachte Statuen der Gottesfurcht und Gerechtigkeit siehet, und darzwischen eine Fontaine, da aus dem, auf einer grosen Muschel liegende Delphin das Wasser hervorspringet, befindlich ist.

- Hinter

hinter dem Gartenhauß lieget in einer mit Moos bedeckten Grotte auf eine etwas erhabne Rasen-Banck ein Todtenkopf mit einigen Knochen, und gleich gegen über stehet auf einen Rosen-Hügel ein steinern Creuz: Durch welche Einrichtung obgedachter Geheime-Rath von Retelhodt bei seinen, zur Sommerszeit in diesem Gartenhauß mehrentheils des Nachmittags besorgenden Amtsverrichtung anzeigen wollen, daß man bey selbigen nicht nur die Zeit wohl beobachten, sondern auch auf GOttesfurcht und Gerechtigkeit sehen, und dabei an seinen Tod gedenken, auch sich des Beistandes GOttes und Creuzes Christi iederzeit getrösten solle.

Als ferner im Oct. des Jahres 1743. erwehnter Geheimerath von Retelhodt die beyden, im Fürstlich Schwarzburgischen Amte Blanckenburg 1 Stunde weit von Rudolstadt gelegene, Rittergüther zu Lichstedt von dem Herzogl. Sachsen-Meinungischen Geheimen-Kriegsrath und Obristen Ditrich Levin von Jtzen gekaufft, so hat er bey der sehr angenehmen und mit vielen Linden- und Castanienbäumen alleenweise besezten Gegend der Lusthütte: welche also um deswillen genennet worden, weil daselbst im Oct. 1691. Graf Albrecht Anthon zu Rudolstadt, nach der in Gotha beschehenen Vermählung seines Sohns Graff Ludwig Friedrichs mit der Prinzesse Anna Sophie von Sachsen-Gotha, selbige unter einer dortigen grosen Linde empfangen, und mit einer kalten Küche bewirthet, wie denn auch der Orth, wo sie gegessen, den Nahmen der Kaltenküche nachhero erhalten hat: allwo man nicht nur die Städte Saalfeld und Remmba, sondern auch, nebst dem Dorff Lichstedt, dasigen Adelichen Wohnhäuser und wohl angelegten Gärten und Alleen von fruchtbaren Bäumen, viele weit entlegene Dorffschaften bis auf den Thüringer Wald sehen kan, einen Irrgarten angeleget, auch im Jahr 1754 in dessen Mitte unter einem Lindenbaum einen Stein, auf dessen vordern Seite die Worte: KETELHODTES-RUH eingeätzet sind, legen lassen, worauf folgende Verse von dem vormahligen Direct. des Gymnasii zu Altenburg Jo. Heinrich Acker gemacht worden:

Der Garten, den du siehst, heist Retelhodtes-Ruh.
Nichts störe diesen Ort, kein Irr-Geist nah hinzu!
Hier iste, wo Er so gern, von Unruh ganz befreyt,
Des Lichtes-Vater lobt, in stiller Einsamkeit.

Wenn man von diesem Stein durch die neuangelegte Allee, den auf einen Hügel am Berge liegenden Teich vorbey, hinunter in die Landstrasse nach Remmba zu den nicht weit davon befindlichen steinern Creuze gehet, kommen eben so viele Schritte, nemlich ohngefehr 1000 heraus; als von Golgatha an, wo unser Heiland gecreuziget worden, bis zum Grabe unsers Erlösers.

F   Der-

Dergleichen auch auf dem in Neustädter Creyß des Meißnischen Voigt-landes gelegenen Ritterguth Oppurg wahrzunehmen. Denn so hat der, we-gen seiner Gottesfurcht und Gelehrsamkeit berühmte, im Jahr 1623. ver-storbene Geheimerath und Oberhofrichter zu Leipzig, Esaias von Branden-stein, auf Oppurg ec. so wohl zum Andenken der Geschichte seines Großva-ters, des in Kayserl. Diensten gestandenen, sogenannten Türken, Hans-von Brandenstein, welcher nach dem Modell eines Hausses, so in der Vor-stadt von Constantinopel, Galata genannt, gestanden, worinn er als Ge-fangener 16. Jahr gesessen, nach seiner Entkommung aus der Gefangen-schaft an. 1519. daselbst den noch heutiges Tages so benannten Türkenhof in Oppurg, welcher den Nahmen Galata führet, und wo die dasige Wirth-schaft getrieben wird, erbauet, auch in diesem Hause eben ein solches Ge-fängniß, wie das seinige in Constantinopel gewesen, worin er täglich Gott vor seine Erlösung gedanket, anlegen lassen als auch zum Denkmahl seiner eigenen Reise ins Gelobteland, die Distance von gedachtem steinern Gefäng-niß in Galatha welches den alten Begräbnissen in Judäa sehr ähnlich sie-het, bis zu dem von ihm an der Landstraße bey einen Teiche aufgerichteten steinern Creutze nach der Distance des Grabes Christi bis nach Gol-gatha eingerichtet. Weil nun der Ritter Gerth Ketelhodt gleichfalls im Gelobtenlande mit dem Herzog Henrico Hierosolymitano von Mecklen-burg gewesen.

vid: Francke loc: cit: Lib. XII. Cap. XXXI. pag. 330.

So hat offt gedachter Geheimerrath Cantzler und Präsident von Ketel-todt nicht nur zum beständigen Andenken erwehnten Ritters, sondern auch zur Beförderung seiner eigenen Andacht, nachdem Beispiel des mit ihm durch Heyrath genau alürten Adelich Brandensteinschen Geschlechtsverwandtens obberührtes Denkmahl auf seinem von ihm zuerst angekauften, Ritterguth Lichstedt angerichtet, und gedachtermassen von dem, dorten an erwehnter Landstrasse bereits befindlichen, steinern Creuze in der gemeldten Distance den Stein, an welchen die Worte Ketelhotesruh, eingeätzet sind, und welcher fast einen Leichenstein gleichet, errichten lassen.

Nicht weit von obgedachten Irrgarten ist ein von Bäumen angeegter Sonnenzeiger angebracht, indem eine Linde den Schatten auf die gegen-über stehende mit Zahlen bemerkte Bäume wirft, und dadurch die Stunden von Morgen bis Abends 6 Uhr anzeiget. Es dienet auch diese Gegend den auf der Strasse von Rudolstadt nach Stadt Jlm Vorbeigehenden, wegen der dabei befindlichen Rasenbänke und davon angelegten grosen mit Bir-
ken

fen umfezten Tifche zum befondern Vergnügen, zudem find auf beiden Sei-
ten des Irrgartens viele Linden, und Castanienbäume alleenweife gefezet:
vid: Neue Europäifche Staats, und Reife Geographie. VI. B. pag. 1151.
Hamburgifche Nachrichten aus dem Reich der Gelehrfamkeit auf das Jahr
1761. das 77 Stück pag. 613.

Sonften hat noch obgedachter Director Acker fo fich zuweilen auch
Georgius Aldellus genannt, nachftehende Verfe auf Lichftedt gefertiget:

 Es komme Licht und Heil auf deinen Ritterfiz,
  Du Hochbelobter Herr, du Herr voll Geift und Wiz,
 Das Gute müffe hier die eigne Státe haben,
 Es bleib ein Seegensort von lauter Gottes Gaben,
  So wird der Ehrenfiz ein rechtes Lichftedt feyn,
  Vollkommner Freud und Luft dein welfes Haupt erfreun,
 So wird fich dein Gemahl an diefem Siz ergözen,
 Die Allerwürdigfte zu deinen Glückesfcházen,
  So wird der Kinderzahl, die man für heilig hält,
  Das ift die Siebende, das fchöne Ruhezelt,
 Mit neuem Lob und Schmuck umgeben und vermehren,
 Und wie die Garben dort dich, ihren Jofeph, ehren.

Endlich hat im Jahr 1762 der Geheimerath von Ketelhodt auf dem
Kirchhoffe bei der fogenannten Gottesacker, oder Milizkirche zu Rudolftadt
ein Erbbegräbniß bauen laffen: Im Fronton diefes auf Römifche Art errich-
teten monumenti find die beiden mit einer Krone bedeckten Wappenfchilde
der Adelich, Ketelhodt, und Adelich, Beulwizifchen Gefchlechter mit dem
Brandenburgifchen rothen Adler, auch Mecklenburgifchen Orden der Treu
und Beftändigkeit umfchlungen, und heugen die beiden Ortenscreuze unter
felbigen in der Mitte daran. Ueber der gedoppelten Eingangsthür ftehen
folgende Worte: CHRISTIANUS ULRICUS DE KETELHODT, CONSI-
LIARIUS INTIMUS, CANCELLARIUS ET PRÆSES CONSISTORII,
EQUES MAGNI ORDINIS AQUILÆ RUBRÆ, SIBI VIVENS CON-
IUGI AC POSTERIS D. QUIETORIUM. APOCAL. XIV. 13.

In der Niche an der rechten Seite gedachter Thür ftehet auf einem Po-
ftement ein Génius fo eine brennende Fackel auslöfchet, mit der Ueberfchrift:
VALE MORS, KYRIE ELEISON. APOCAL. XXI. 4.

· In der Niche linker Seite ist ein Genius, welcher in der rechten Hand eine Krone hält, mit der Ueberschrift: SALVE VITA PERPETUA. HALLELUIA. 1t. TIMOTH. IV. 7. 8.

Inwendig über das Begräbnißgewölbe an der obern Decke ist ein Himmel mit verschiedenen in den Wolken hervorragenden Engelsköpfen gemahlet, in dessen Mitte die verguldeten Buchstaben: D. M. S. i. e. Diis Manibus Sacrum! oder: den Selig verstorbenen gewidmet! auch auf der rechten Seite dieses Himmels der Engel des Friedens mit einen Lorberzweig und auf der linken Seite der Engel des Sieges mit einem Palmzweig fliegend befindlich: Der Thür gegenüber ist der Stammbaum des Altadelichen Geschlechts von Ketelhodt, so sich mit den Reichsritter Vredeber Ketelhodt, welcher im XL Seculo gelebet, anfänget; auf dessen einen Seite henget ein alter teutscher Degen, und auf der andern Seite ein von den Türken im vorigen Seculo 1664. durch den Kayserlichen Obristen Heinrich von Hunemörder vid. Joh. Friedr. Gauhens Adels Lexikon P. II. p. 481. in der Schlacht bei S. Gotthard erbeuteter Sebel, nebst einen von dem Oberstallmeister Gustav Joachim von Ketelhodt, als vormaligen Herzogl. Mecklenb. Güstrowschen Capitain von der Garde, während dieser Charge getragenen Ringkragen, worauf der verzogene Nahmen des Herzogs GustavI Adolphi zu Mecklenburg Güstrow befindlich, und 2 alte teutsche Rittersporen. Ueber der Thür stehet des Geheimenraths von Ketelhodt, zu Augspurg in Kupfer gestochenes, auch in der neuen Sammlung von Bildnissen gelehrter Männer befindliches Portrait; An den beyden Seitenwänden sind die Geschlechtswappen der 16 Ahnen gedachten Geheimenraths und dessen Gemahlin Marien Catharinen von Ketelhodt, gebohrne von Beulwiz. Auf der einen inwendigen Niche ist gemahlet eine Urne mit einen Rosencranze und Rosenstaude umgeben, woran die Worte zu lesen. Heute blühen wir, wie eine Rose roth! an der andern Niche ist eine Urne an welcher Todenköpfe befindlich, nebeu einen dürren Cypressenbaume, mit folgenden Worten: bald krank und todt! wobei ein Crucefix angebracht ist. Auf den beyden nach Römischer Art nebst den Stühlen gemachten Tischen liegen geistliche, bei öfterer Besuchung dieses, zur Erinnerung der Sterblichkeit dienenden, Gebäudes, nöthige Bücher, und an dem Haupte des einen an der Seite stehenden schwarzen, mit einen weisen Creutz angestrichenen Sarges, sind diese Worte zu lesen.

CHRISTIANUS ULRICUS DE KETELHODT QUOD MORTALE HABUIT, HIC RELIQUIT. Ao. . . . , ÆTAT . . . . PSALM: CXLIII. 2.

Wobei

Wobei auf einem Postement des Geheimenraths von Ketelhodt in Gips abgedruckes und natürlich gemachtes Bildniß in der, zum Brandenburgischen rothen Adler Orden gehörigen, Kleidung stehet: Darauf folgende Verse lielen:

Du schreckst mich nicht mit deinem finstern Bilde,
　　Ich zittre nicht für dir, geweihtes Grab!
Mein Auge lacht bey dir, wie im Gefilde,
　　Und kehrt sich nie mit Abscheu von dir ab.
Du bist mir werth, die Welt, sie mag dich scheuen!
　　Ich will mich stets bey deinem Anblick freuen.
Durch Christi Grab bist du mir heilsam worden;
　　Du schliest mich ietzt auf kurze Zeit nur ein.
Einst öffnen sich der Gräber enge Pforten,
　　Wenn Welten glühn und Zeiten nicht mehr seyn:
Da leb ich denn in ungestörter Wonne,
　　Und sehe sie, die rechte Lebenssonne:

An dem Fuß dieses Postements ist in einem Kupferstich gedachten Geheimenraths Bildniß, welches in den Wolken von der Gottesfurch und Gerechtigkeit gehalten wird, nebst dem Stammbaum, zu sehen.

In dem Begräbnißgewölbe liegen bereits die Gemahlin, eine Tochter und 2 Enkel von dem Geheimenrath, nehmlich: Maria Catharina von Ketelhodt geb. von Beulwiz † den 9 Merz 1769. Wilhelmina von Ketelhodt † 25 Jenner 1763. Friedrich Carl Dredeber von Ketelhodt geb. den 15 Januar 1764. gestorben den 5. Decemb. 1764.

Carl von Ketelhodt, geb. und gestorben den 12 Januar 1765. Vor dem Erbbegräbniß ist ein kleiner Blumengarten angeleget.

In obgedachter Gottesackerkirche ohnweit der Canzel bei dem Adelich Ketelhodtschen Stande ist ein Epitaphium, und stehen unter dem Hochadelichen Ketelhodtschen Wappen folgende Worte:

HIC IACENT CHRISTIANI ULRICI DE KETELHODT, CONSILIARII INTIMI, CANCELLARII ET PRÆSIDIS CONSISTORII RUDOLSTAD ATQVE MARIÆ CATHARINÆ DE KETELHODT, NATÆ DE BEULWIZ QVATUOR LIBERORUM:

Fridericæ Ludovicæ, nat. d. XXVII. Oct. `MDCCXXXI, den. d. V.
May. MDCCXXXII. *Ulrico*, nat. d. XVIII. Oct. MDCCXXXII. den. d.
X. Januar. MDCCXXXIII. *Friderici Augusti*, nat. XXII. May. MDCCX-
XXIV. den. XXI. Febr. MDCCXXXV. *Iohannis Georgii*, nat. XX.
Oct. MDCCXXXVI. den. d. VIII. Juny MDCCXXXVIII.

OSSA.

Lib. Sap. IV. 13. 14.

Am Ende ist ein Todtenkopf mit einem Lorberkranz umgeben:

vid. Hamburgische Nachrichten auf das Jahr 1762. Das 83ste Stück
pag. 679.

> Quod superest vitae, fac', ut tibi, Christe, reique
> Cedat communi, mors et tranquilla sequatur.
> Christianus Ulricus de Ketelhodt.

O! Glücklicher, der du des Richteramts Beschwehrden
Für Lust und Schuld erkennst, Für Glück der Bürger wachst,
Dein Leben rinne dir in ungestöhrten Frieden,
Sey deinem Fürsten werth und deines Volkes Lust!
Ahm stets der Gottheit nach, und schmecke ihre Freuden.

vid. das 389ste Stück des Reichs der Natur und Sitten. S. 405.